JN372601

서울교사 시골엄마

서울교사 시골엄마

초판 1쇄 발행 / 2016. 2. 16

지은이 / 권혜경
펴낸이 / 권오진
펴낸곳 / 도서출판 산인
　　　　출판등록 제 2013-11
　　　　경기도 광주시 퇴촌면 소미길 18
　　　　tel. 031. 769. 1045 / fax. 031.763. 1046
　　　　e-mail. sanin@saninbooks.com
디자인 / 장윤미
인쇄 / 우진테크

ISBN 979-11-951442-5-9 (03810)

※ 이 책의 본문 용지는 그린라이트 100g, 표지는 말똥종이 209g을 사용하였습니다.
※ 이 책의 일부 또는 전부를 재사용하려면 반드시 저작권자와 출판사 양측에 동의를 받아야 합니다.
※ 책값은 뒤표지에 있습니다.

서울교사 시골엄마

권혜경 지음

도서출판 산인

프롤로그 _ 7
이사 _ 11

1부 자연에서 배우는 삶

23 또 다른 식구 황구, 예쁜이, 지킴이 그리고 …

33 닭은 결코 치킨이 아니었다

41 세 발 고양이와의 인연

49 봄은 앵초와 함께 시작되었다

56 텃밭을 밥상 삼아

2부 아이들의 학교생활

65 🌿 덤프트럭을 히치하이킹하다

71 🌿 공부는 함께하는 거야

77 🌿 네 동생도 내 동생

82 🌿 운동회와 축제

3부 이웃, 함께 나눈 정들

89 🌿 이 꽃 심으실래요?

95 🌿 친정엄마 같은 은서 할머니

101 🌿 소미 사람들

111 🌿 여전히 남아 있는 숙제 하나

에필로그 자기의 길을 찾아가는 아이들 _ 116

프롤로그

　삶에는 선택의 순간들이 적지 않다. 선택이 긍정적 기회로 오기도 하지만 부담이나 위기로 다가올 때도 있다. 우리 식구들의 퇴촌행은 두 가지 가능성을 모두 가진 중대한 선택이었다. 한창 공부할 시기의 자녀를 둔 가족의 귀촌이 무모한 모험이나 무지한 만용으로 여겨지는 현실을 생각할 때 우리 가족의 선택은 주변을 놀라게 하기에 충분했다. 무모한 출발(?)에서 12년이라는 긴 세월을 보낸 지금 그때를 돌이켜 보면 분명 모험이고 크고 작은 후회의 순간들도 있었지만 참 잘한 선택이었다는 뿌듯함이 앞선다.
　우리 집에 다녀갔던 많은 사람들이 '나도 이렇게 살았으면 좋겠네, 참 좋다.'라며 부러워했다. 하지만 막상 우리 가족처럼 전원으로 이주한 경우는 거의 없었다. 나는 사람들의 요란스런 부러움과 그들의 여전한 삶의 방식을 보면서 의구심이 생기기 시작했다. 그들이 우리 가족의 삶에 보낸 탄성과 부러움이 과장이나 거짓이었나 아니면 내가 모르는 이유들로 전원행을 결정하지 못하는 것일까…….

남편과 달리 나는 서울 토박이면서 가까운 친척 중 누구도 시골에 사는 사람이 없었다, 결혼 전이나 결혼 이후에도. 내게 시골생활은 아련한 그리움이나 즐거운 추억, 힘들고 어려운 경험 등등이 전혀 없는 완전한 백지였다. 내가 아는 시골생활은 지난 십여 년의 시간이 전부이다. 이러한 나의 환경이 애초부터 전원생활에 대해 두려움이나 부담, 거부감을 불러오지 않았나 보다. 그리고 알게 되었다. 시골을 그리워하는 사람들 중에는 즐거움과 아름다움, 그리고 불편함과 답답함이라는 이율배반적 기억 때문에 전원생활에 대한 지금 당장의 선택을 피하거나 부정하게 된다는 것을.

나는 시골생활을 몰랐기 때문에 용감한 선택을 했는지도 모르지만 어쨌든 퇴촌에서 즐겁고 행복한 시간을 보냈다. 물론 예상하지 못했던 어려움이나 불편함도 뒤따랐다. 하지만 삶이 선택이고 그 선택에는 좋은 것과 나쁜 것이 있기 마련이라면 우리는 나쁘고 불편한 것을 충분히 상쇄하고 남을 좋은 것들을 누렸다.

그래서 결정했다. 전원에서 꽃밭도, 텃밭도 가꾸고, 새소리에 잠을 깨고, 강아지, 고양이들을 키우고 싶은 누군가가 있다 하자. 그런데 풍문으로, 추억으로 알고 있는 시골생활이 너무 두렵고 걱정스러워 전원행을 결정하지 못한다. 그렇다면 그 사람에게 힘이 되는 이야기를 들려주자. 전원에서의 삶을 결행하도록 돕자. 그렇다. 이것이 우리 가족의 생활사를 담은 이 책을 쓰게 된 중요한 이유다.

전원에서 살고 싶은 분들은 전원생활의 어려움이나 불편함에 대해서는 정말 많이 들었을 게다. 더구나 자녀교육에 대해서는 편견이 가득 찬 걱정의 말들을 더 많이 들었을는지도 모른다. 전원에서의 삶은 은퇴 후에나 어울린다고 대부분의 사람들은 말한다. 어린 자녀들과 함께 전원에서의 삶을 꾸려나가는 것을 결코 격려받거나 지지받지 못한다. 그러니 더욱 선택이나 결정이 두려워지고 망설여지는 것이다. 나는 이런 분들의 선택에 긍정의 힘과 격려를 보내고 싶다. 단순한 말이 아니라 우리 가족이 살아온 삶의 모습을 증거로.

이 책이 전원에서 사는 즐거움과 보람을 증거하는 자료로서 신뢰를 얻는 데에는 내가 시골 엄마이면서도 동시에 서울 교사였다는 점도 도움을 주리라 생각한다. 나는 내 아이들을 면 소재지 학교에서 키우는 동안 서울 유수 학군에서 고등학교 교사로 학생들을 가르쳤다. 많은 부모들이 해법으로 기대하는 서울 교육의 최일선에서 학생들을 만났다. 나의 교사로서의 경험은 우리 가족의 결정을 후회하거나 내 아이들의 교육을 염려하게 하지 않았다. 오히려 다행스럽게 느끼게 할 때가 많았다.

한 가정의 생활사에 불과한 이야기를 쓰도록 격려한 사람은 남편이었다. 우리 가족의 삶이 분명 누군가에게 힘을 줄 수 있을지도 모른다고. 그리고 우리 가족에게는 참 소중하고 즐거운 기록이 될 것이라고. 이 책의 초고를 완성하고 가족들에게 보여주었을 때 아들들은 그동안 잊고 지냈던 재미있는 이야기 꾸러미를 찾아낸 것처럼 즐거워하였다. 그리고 더 많은 추억들을 들추어냈다. 이런 즐거움,

저런 어려움이 여전히 남아 있다고. 아들들의 말대로 미처 못한 이야기들도 결코 적지 않다. 하지만 기억하고 있는 모든 일들을 기록할 필요는 없다. 오로지 우리 가족 같은 선택을 하고 싶은 사람들에게 힘을 실어주는 기억들을 담아보자. 이 책의 말들이 긍정의 빛깔이 강한 이유다.

아들 둘을 품 안에서 떠나보낸 지금 나는 서울과 경기도 땅을 떠나 충남에 와 있다. 도고면 덕암산 자락을 뒤로 한 살구 농장에서 사과 향기 가득한 예산으로 날마다 출근을 한다. 서울 교사 25년의 생활을 접고 이제는 시골 교사로서 내 교직의 마지막 10년을 시작하고 있다. 서울 학교에서 근무할 때 시골에서 출퇴근했던 나는 삭막한 도시의 학생들에게 자연을 전해주는 전원 편지였다. 지금 나는 봄에는 분홍 벚꽃으로, 가을에는 빨간 사과들로 포위당하는 전원 소녀들에게 서울 생활에 대한 막연한 오해를 바로잡는 나침반이 되는 소망을 품고 있다.

변화와 도전은 심장을 쿵쿵거리게 하고 발을 가볍게 한다.
지금 내 심장이, 내 발이 그렇다.

이사

경기도 광주시 퇴촌면 우산리. 행정상의 이름보다 천진암으로 더 많이 알려진 곳이다. 천진암은 조선 후기 양반 자제들이 모여 과거 공부를 하던 산속의 작은 암자였다. 지금이나 옛날이나 젊은이들이란 새로운 것에 대한 궁금증이 많은 것인지……. 학문적 호기심으로 접했던 서학이 천주교라는 신앙으로 변화된 곳, 세계 가톨릭 역사상 유래가 없는 자생적 신앙인 한국 천주교의 발상지가 바로 이곳 천진암이다. 한국 천주교 최고의 성지인 천진암 아래 동네에서 우리 가족이 12년의 둥지를 틀게 된 것을 우연이라고 해야 할지 운명이라고 해야 할지…….

우산리에 이사 오기 전 우리 네 식구는 베란다에서 야트막한 산이 보이고 그 아래로 곤지암천이라는 넓은 시내가 흐르는 광주의 아파트에서 살고 있었다. 신도시의 25층 아파트 생활에 지친 남편이 마당 있는 집을 찾아 서울 인근을 돌아다니다가 발견한 곳이 광주였다. 그 당시 광주는 군에서 이제 막 시로 승격한, 중심 지역에 몇 개의 동이 있고 그곳을 조금만 벗어나면 00리라는 이름의 마을들로 이루어진 도농복합도시였다.

남편은 25층에서 단번에 땅 위로 하강하는 것이 쉽지 않다고 생각했는지 중간 기착지로 콘도처럼 산과 천을 끼고 있는 광주시 초월면 도평리의 작은 아파트, 그중 엘리베이터를 사용하지 않아도 되는 3층을 선택했다.

2001년 9월 우리는 광주로 이사했다. 그때부터 남편의 '마당 있는 집을 찾아 삼만 리'의 여정이 본격적으로 시작되었다. 서울과 신도시 생활에 익숙해 있던 아이들과 나는 소도시의 아파트 생활만으로도 무척 시골스러움을 느끼고 있었다. 바로 그 순간에 남편은 땅만 밟고 살 수 있다면 더 시골도 괜찮다는 일념으로 집을 찾아 나섰다.

어느 날 우리 부부는 천진암 밑에 살고 있는 남편 선배의 집을 방문하게 되었다. 큰 텃밭뿐만 아니라 사슴 축사까지 있던 그 집은 남편의 '삼만 리' 여정에 힘을 더했다. 남편은 천진암이란 지역을 눈여겨 보고 그곳을 뒤지기 시작했나 보다. 아파트로의 이사 후 넉 달이 지난 2월 말쯤 남편은 드디어 마음에 드는 집을 찾아냈다고 애써 흥분을 고르며 넌지시 말을 건넸다. 구경삼아 한 번 가보자고. 구경만 해 보자는데 굳이 마다할 이유도 없고 나는 그간의 간절한 삼만 리 여정을 아는지라 흔쾌히 동의했다.

나뭇가지의 갈색 가지 끝에 수줍은 연초록빛이 스며들던 날, 나는 남편과 퇴촌으로의 집 구경에 나섰다. 겨울의 차고 무거운 공기를 걷어내고 가벼운 봄바람이 코끝을 간질이고, 화사한 햇빛 때문에 미간에 주름을 모으며 들어선 퇴촌은 차도 양편으로 텅 빈 논밭이 펼쳐졌다. 논밭 가까이까지 커다란 산자락들이 내려오고, 집들은 어디 있나 싶게 산과 들과 강과 시내만 보이는 산골이었다. 그래도 면 소재지에는 농협 건물과 주유소가 있고 그 주변으로 일 층짜리 가게들이 죽 늘어서 있었다. 가게들은 출입문부터 오랜 출입에 반질반질 닳아 있었다.

100미터도 안 되는 읍내 거리를 지나자 다시 텅 빈 논밭이 펼쳐졌다. 멀리 산 아래에 2층의 현대식 건물과 전나무들이 도열하듯 서 있는 작은 운동장이 보였다. 가까이 가서 보니 대부분의 면 소재지 학교가 그렇듯이 초등학교와 중학교가 사이좋게 서 있었다. 서울에서는 볼 수 없었던 풍경. 2층짜리 낮은 교사에, 교사를 둘러싸고 있는 초록빛 야산, 교정을 채우고 있는 전나무와 향나무들, 넓은 운동장과 고운 마사토. 일단 다른 무엇보다 학교가 마음에 들어왔다. 저런 학교에서 근무해 봤으면에서부터 우리 애들이 저런 학교에서 공부하면 행복하겠다라는 마음까지.

좀 더 지나가자 천진암 입구라는 입간판이 나왔다. 우리 부부는 그곳으로 들어섰다. 길 주변은 이제 막 초록으로 물들기 시작한 논두렁들이 이어졌다. 간간이 식당들이 보이고 또 논, 밭, 멀리 산, 그리고 계곡물…….

계곡물은 우리 차를 오른편, 왼편으로 끼고 돌면서 계속 이어졌다. 계곡물의 위치가 오른편, 왼편으로 바뀔 때마다 우리 차는 다리를 건너갔다. 논들이 사라지기 시작하고 이제 한편은 차 가까이 바싹 다가선 산자락이, 다른 한편은 계곡물이 이어졌다. 천진암 입구라는 안내판에서부터 거의 10리 이상을 온 것 같은데도 여전히 남편은 주변 풍경만을 이야기할 뿐 집의 위치에 대해서는 말이 없다.

슬금슬금 '너무 깊이 들어왔는데' 라는 불안감이 피어오르기 시작했다. 버스 종점이 사라지고 나서 다리를 몇 개 더 건너자 낮은 지붕과 낡은 유리문을 가진 금방이라도 쓰러질 듯이 보이는 가게가 나타났다. 설마 여기에서 더는 안 가겠지 하는 마음으로 남편에게 여기냐고 물었다. 남편은 "아냐, 조금만 더 가면 돼. 다 왔어." 라고 쳐다보지도 않고 대답을 했다. '아직 아니라고 그럼 도대체 어디야?????'

가게가 사라지자 또 다시 다리가 나왔다. 그리고 이번엔 강원도 어느 산자락을 옮겨다 놓은 것 같은 깊은 숲과 계곡이 인적도 없이 이어졌다. 이제 불안한 것이 아니라 무서워지기 시작했다. '이런 곳에도 사람이 살고 있나.' 가만히 생각해보니 지난 해 가을인가 다녀왔던 남편 선배네 집으로 가는 길이었다. 그때는 이렇게 깊은 줄 모르고 즐겁게 따라왔었는데…….

이제 그만 돌아가자는 말이 입 안에서 맴돌고 있을 때쯤 집들이 하나 둘 보이기 시작했다. 다시 집들과 논밭이 보이고 도대체 그런 산골에 가당치도 않은 4층짜리 모텔이 나타났다. 모텔과 학교 운동장 정도의 간격을 뒤로 한 산 밑으로 집들이 여러 채 붙어 있는 모습이 보였다. 남편이 목소리가 갑자기 커지며 "저기야. 다 왔어."

집은 양쪽에 있는 이웃집들과 담을 함께하고 산 바로 아래 낮게 엎드려 있었다. 회색빛 정원석 위에 하얀 나무 담장을 두른 야트막한 농가. 대여섯 개의 돌계단을 오르니 남편이 그렇게 꿈꾸던 이제 막 초록빛을 띠기 시작한 잔디 마당이 펼쳐졌다. 오른편에는 두 자 높이 정도 될 듯한 돌담이 산자락을 향해 뻗어 있고 돌담 앞편으로는 소나무, 목련나무, 주목, 진달래 등등의 나무들이 심어져 있었다. 마당 여기저기엔 나무 기둥 위에 타조알만 한 둥근 갓을 쓴 운치 있는 정원등이 뿌리를 박고 있었다.

집에 들어서자 50 줄에 들어선 부부가 우리를 반갑게 맞아 주었다. 50년 이상 나이를 먹은 이 집의 3번째 주인인 부부는 집을 마치 전원카페처럼 꾸미고 살고 있었다. 전면은 통유리 문이 벽을 대신했고 방은 2개, 화장실과 세탁실, 목욕탕을 겸하는 시멘트 바닥의 다용도실, 부엌, 그리고 한지로 벽을 바르고 대나무발로 천장을 장식한 넓은 거실. 순간 나는 가정집이 아닌 분위기 있는 카페에 들어온 듯한 착각에 빠졌다. 부부는 전원생활의 즐거움을 침이 마르도록 이야기하면서 이 집이 『전원생활』이라는 잡지책에 소개된 집이라는 이야기도 했다.

사람과의 만남도 인연이니 운명이니 하는 것이 있듯 집과의 만남에도 운명과 인연이 따르는가 보다. 나는 이 집에 첫눈에 반해버렸다. 지금 내가 이 사람을 잡지 않으면 영원히 잃을지도 모른다는 연인의 마음처럼 나도 지금 이분들을 설득해서 이 집을 내 집으로 만들지 않으면 영원히 잃을지도 모른다는 조바심과 불안감이 솟아났다. 남편과 나는 부부에게 이 집을 우리에게 팔라고 했다. 한 번 보고 내 모든 생활을 걸어버린 것이다. 인연이란 이런 것인가. 집을 빌려는 줄 수 있지만 팔 마음은 없다던 부부는 우리 부부의 홀린 듯한 열정에 감동(?)을 했는지 그럼 집을 팔겠다고 했다.

눈에 콩깍지가 씌었다는 것이 사람뿐만 아니라 집에도 해당된다는 것을 나는 처음으로 알았다. 내게는 다른 어떤 조건 – 집값과 주변 시세, 출퇴근 거리, 아이들의 통학 거리, 집의 구조와 수명 등등 – 도 안중에 없었다, 초록빛 마당, 나무들, 작은 텃밭, 집 뒤의 잣나무 숲, 그리고 카페 같은 거실밖에. 나의 빠른 결심에 정작 놀란 것은 남편이었다. 설득의 노고도 필요 없었으니 말이다. 하지만 마음을 얻어야 하는 것은 나만이 아니었다. 두 아들, 중학교 1학년, 초등학교 4학년인 두 아들의 마음도 얻어야 우리는 마당을 밟고 살게 되는 것이다.

아파트로 돌아온 남편은 아이들에게 진지하게 말을 꺼냈다. 드디어 원하던 마당 있는 집을 찾았다고, 너희들이 어떻게 생각할지는 모르겠지만 엄마, 아버지의 눈에는 정말 살아본다면 우리 가족 모두 행복해질 수 있는 집이라고, 너희들도 그 집을 본다면 살고 싶어질 거라고, 어떤 결정도 하지 말고 일단 집부터 보고 오면 어떠냐고. 아이들은 아무 말도 없었다.

며칠 후 남편은 두 아들을 데리고 집 구경을 갔다. 아들들은 잔뜩 긴장한 채로 침묵 속에 따라나섰다. 집 앞 공터에 차를 세우고 집 가까이 다가선 아들들에게 남편이 물었다, 어떠냐고. 큰아들은 오랜 침묵을 깨고 "나쁘지는 않은데요.", 이렇게 두 아들은 우리가 이사 갈 집과 상견례를 한 셈이다.

꽃등처럼 환한 산벚나무는
우리 집을 지그시 내려다 보곤 했다.

아파트로 돌아온 후 큰아들은 그동안 아버지가 얼마나 열심히 집을 찾아 헤맸는지 알 뿐만 아니라 그곳에서는 마음껏 전자기타를 칠 수 있다고 하니 이사를 가주겠노라고 선언하였다. 작은아들은 진돗개 2마리를 키울 수 있다는 제안에 신나서 동의했다. 드디어 온 가족의 합의 아래 우산리(牛山里, 토착 이름은 소미, 소밋골, 소묏골)로의 이사가 결정된 것이다.

학교에 다니는 두 아이를 거느리고 깊은 산속으로 들어가겠다는 우리 가족의 결정은 부모님을 걱정스럽게 했고 주변 사람들을 놀라게 했다. 우리의 이사는 남들에게는 무모한 도전으로, 하지만 우리 가족에게 용감한 도전으로 감행되었다.

문제는 한 달 후 이삿짐을 부리던 날 터졌다. 33평 아파트의 짐을 자그마한 시골집에 부리는 데 생각지도 못했던 문제가 생긴 것이다. 결혼할 때 가져온 8자짜리 옷장이 실내 어디에도 들어갈 수가 없었다. 시골집의 천장이 얼마나 낮은지를 서울 토박이였던 나는 몰랐다. 천장이 낮아서 안방도, 작은방도, 거실도 옷장의 높이를 수용하지 못했다. 나는 10년 넘게 써온 장을 버려야 하나 처마 밑에라도 두고 살아야 하나 별별 생각을 다했다.

하늘이 무너져도 솟아날 구멍이 있다고 하더니……. 나는 드디어 옷장의 높이보다 높은 천장을 지닌 실내 공간을 발견했다. 부엌이었다. 넓지도 않은 부엌 한 면에 8자짜리 장을 들여놓으면서 나는 시골살이에 대한 나의 무모함과 무지를 뼈저리게 후회했다. 연애할 때는 안 보이던 서로의 단점이 결혼해서 살기 시작하면 두더지 잡기 놀이처럼 여기저기서 불쑥불쑥 나타나듯이 전원을 향한 기대와 설렘에 들떠 있던 우리 가족에게 생활은 불발탄처럼 시도 때도 없이 문제를 터트렸다. 하지만 어쩔 것인가, 우리는 이미 우산리와 결혼해버린 것을.

1부 자연에서 배우는 삶

또 다른 식구 황구, 예쁜이, 지킴이 그리고……

전원생활의 즐거움 중 단연 첫째는 동물들과 함께할 수 있다는 것이다. 많은 아이들의 소원 중 하나가 강아지를 키우는 일이다. 애완견의, 인형처럼 반짝이는 눈망울만이 아니라 커다란 진돗개의 늠름하고 충직한 모습은 아이들의 마음을 설레게 할 만큼 충분한 매력이 있다. 하지만 도시에서의 생활은 진돗개는커녕 작은 말티즈 한 마리 키우기도 여의치 않다. 얼마나 많은 아이들이 새해 소원으로, 성적에 대한 보상으로, 성실한 생활에 대한 약속으로 작은 강아지 한 마리를 소원하는지, 그 간절함이란…….

우리 가족이 퇴촌행을 결정했을 때 초등학교 4학년이었던 작은아들이 흔쾌히 전원의 삶을 받아들였던 가장 큰 이유는 진돗개 2마리를 키울 수 있다는 것이었다. 남편은 아이에게 약속한 대로 성남

모란 시장에 가서 진돗개 2마리(백구와 황구)를 샀다. 진돗개 2마리를 가슴에 품고 돌아오던 작은아들의 모습은 세상 전부를 품은 듯이 자랑스럽고 당당하고 행복해 보였다.

우리 가족은 2마리 진돗개와 함께 이사를 했다. 큰아들과 작은아들이 각각 황구와 백구의 주인을 자처했고 두 아이들은 어린 자식을 보살피듯이 정성스레 강아지를 돌보았다. 하지만 기쁨의 뒤편에 우리 가족을 가슴 졸이고 눈물짓게 하는 이별이 숨어 있었다. 아들들은 탄생과 만남의 설렘과 기쁨만이 아니라 상실과 헤어짐의 아픔도 경험하기 시작했다.

이사를 온지 몇 주가 지난 후부터 백구가 쿵쿵거리며 기침을 시작하였다. 백구는 눈에 띄게 하루하루 기력이 떨어져 갔다. 그러더니 몇 걸음도 힘겹게 내딛고 밥도 숟가락으로 떠서 입에 넣어주면 그때서야 가랑가랑 숨을 쉬며 겨우 받아먹었다. 아이들과 나는 병원에서 약도 지어오고 북어국, 고기국, 잡탕죽 등 백구의 입맛을 돌게 할 온갖 음식들을 준비했다. 아이들은 학교 끝나기가 무섭게 집으로 달려와 백구를 보살폈다. 백구가 힘들게 몇 발자국을 움직이고 국물이라도 먹으면 금방이라도 벌떡 일어설 것 같은 희망을 품었고, 백구가 비틀거리다가 숨을 헐떡이며 주저앉을 때면 당장이라도 죽어버릴 것 같아 불안해하고 슬퍼하였다. 이렇게 한 달 가까이 우리 가족은 희망과 절망을 넘나들면서 정성스레 백구를 돌보았다.

힘이 빠질 대로 빠져서 한 걸음도 옮기기 힘들어하는 백구는 마룻문만 열어 놓으면 어느 틈엔가 나가서 산밭 아래 누워 있곤 하였다. 어느 날 아침 우리 부부는 차갑게 식어 있는 백구를 발견하였다.

남편은 작은아들과 함께 산자락 밑 양지쪽에 백구를 묻고 장미꽃을 심어주었다. 그날 작은아들은 굳어 있는 백구를 보듬어 안고는 백구가 얼어 죽어서 딱딱해졌다고 남편에게 말했다고 한다. 죽은 생명체는 뻣뻣하게 굳어버린다는 것을 4학년 작은아들은 그때만 해도 알지 못했다.

한 달 동안 우리에게 기쁨과 슬픔을 넘나들게 하던 백구와는 달리 황구는 씩씩하고 건강했다. 마치 보약을 챙겨먹는 사람처럼 마당에서 날아다니는 나방이나 나비를 잡아먹기도 하고 청개구리를 잡아먹기도 하였다. 어린 시절을 건강하게 보낸 황구는 충직하고 든든한 우리 집의 수문장으로 10년 세월을 함께했다. 황구는 초등학생이던 작은아들이 고등학생이 되고, 중학생이던 큰아들이 군대를 가기까지 우리 가족과 온갖 일들을 함께 겪었다.

백구가 떠난 후 우리는 백구처럼 하얀 아키다종의 암캐를 맞이하였다. 이름이 지킴이였던 아키다는 진돗개와 생김도, 행동도, 기질도 많이 달랐다. 큰 얼굴에 비해 작은 두 눈이 아주 가까이 붙어 있어서 온순하지만 답답하게 보이고, 행동이 부산스러워 주의를 먼저 주고 밥을 주어야 하는 경우도 많았다. 이 지킴이가 퇴촌에서의 첫 겨울을 결코 잊을 수 없게 만들었다.

늦가을에 새끼를 밴 지킴이는 해를 넘긴 첫날 강아지 9마리를 낳았다. 모두 하얀색의 강아지 9마리. 아이들은 박에서 쏟아져 나온 보물이라도 만난 듯이 놀라움과 기쁨에 가득찼다. 개를 길러본 경험이 없던 내게도 한꺼번에 9마리의 강아지는 놀라움 그 자체였다. 기쁨과 놀라움도 잠시 아이 둘과 나, 아이들의 외할머니는 강아지를 지키기 위해 사투(?)를 벌여야 했다.

그해는 폭설과 혹한으로 시작되었다. 지킴이가 강아지를 낳은 다음날부터 대한 추위도 와서 얼어 죽는다는 소한 추위가 맹위를 떨쳤다. 지킴이의 집은 산자락 바로 밑에 있었다. 추위도 추위였지만 지킴이가 차분하게 강아지들을 품지 않는다는 것이 더 큰 문제였다. 새끼를 품고 있기보다 부산스럽게 왔다 갔다 하는 지킴이의 발길에 새끼들은 이리저리 끌려다녔다. 특히 지킴이를 묶은 줄에 강아지들이 이리 쏠리고 저리 쏠리고 하면서 집 밖으로 나동그라지기 일쑤였다. 나중에 알게 된 것이지만 진돗개는 자기 새끼들을 절대 품 안에서 내놓지 않고 잠시 자리를 비울 때에도 강아지들을 똘똘 뭉쳐놓고 다녔다. 그런데 지킴이는 그러지를 못했다.

혹한에 어린 강아지들이 집 밖으로 내동댕이쳐지니 어떻게 추위를 이기겠는가. 우리 4명은 방한을 위해 지킴이 집에 천막을 치기도 하고 담요를 덮어주기도 했다. 한밤의 혹한이 걱정이 되어 누구도 잠을 이루지 못하고 새벽 3시에 함께 올라가 지킴이와 새끼들을 끌고 와서 집 안에 두기 위해 애를 썼다. 지킴이는 집 안으로 들어오는 것을 거부했고 우리는 새끼들만 집 안에 들여 보살폈다. 하지만 새끼를 찾는 지킴이의 소리에 결국 새끼를 어미 품에 돌려보낼 수밖에 없었다. 지킴이는 새끼를 찾기는 했지만 돌보는 기술이 여전히 부족했다. 아이들과 함께 한밤중에도 몇 차례씩 경사진 길을 오르내리며 밤을 새워 강아지를 돌보는 일은 며칠 계속되었다.

하지만 강아지들은 하루하루 그 숫자가 줄어들었다. 가장 기억에 남는 강아지 한 마리가 있다. 제일 작고 여려보이던 강아지가 거의

혹독한 그해 겨울에 살아남은
풍돌이와 풍실이를
엄마 지킴이가 지켜보고 있다.

죽어가고 있기에 데려와 우유를 먹이고 따뜻한 방바닥에 몸을 녹였다. 그러자 강아지는 꼬물거리며 살아나기 시작했다. 우리는 그 강아지를 소생이라고 불렀다. 이틀을 반짝이며 생기를 되찾던 소생이는 사흘째 되는 날 그 이름과는 달리 우리 곁을 떠나버렸다. 소생이의 죽음을 시작으로 지킴이로부터 제대로 된 보살핌을 받지 못하던 강아지들은 ─ 너무 많은 새끼를 낳아서인지 지킴이는 새끼들 모두에게 젖도 못 먹이는 것 같았다. ─ 우리들의 보살핌에도 매일 한 마리, 두 마리씩 죽었다. 결국 지킴이가 낳은 9마리의 새끼 중 살아남은 것은 두 마리에 불과했다.

강아지들이 죽어갈 때마다 아이들과 나는 꽁꽁 얼어붙은 땅을 곡

괭이와 삽으로 파헤쳤다. 그 겨울 얼마나 추위가 강했던지 땅은 삽과 곡괭이를 번번이 밀쳐냈다. 우리는 겨우겨우 강아지 한 마리가 얕게 묻힐 만큼만 땅을 팔 수 있었고 인형보다도 작은 하얀 몸뚱이들을 묻어주었다. 사랑스럽고 보드랍고 꼬물꼬물 움직이던 예쁜 강아지들을 7마리나 얼음장 같은 땅에 묻으면서 아이들은 부쩍 커버린 듯했다. 우리 4명이 생명을 살리기 위해 혹한의 밤중에 어떤 일들을 해냈는지 한 달만에 외국에서 돌아온 남편에게 아이들은 침통하게 이야기를 했다. 혹독한 아픔과 추위를 경험한 그 겨울을 우리와 함께 하지 못했던 남편은 10년이 훌쩍 지난 지금까지 그때를 이야기할 때면 결코 한편이 될 수 없는 열외자로 남아 있다.

12년 동안 퇴촌에 살면서 우리 가족은 여러 마리의 개들과 한 식구로 지냈다. 퇴촌 생활의 원년 멤버였던 황구는 우리 가족의 자부심이었고 동네 개들의 지존이었다. 강아지일 때 몬도가네식의 섭생으로 백구와는 달리 병마를 이겨낸 황구는 자라면서 품위와 점잖음까지 갖춘 신사 같은 개였다. 아이들은 황구를 때로는 황구리우스(로마 황제의 이름을 흉내낸 것), 때로는 황자(동양의 성인에 빗대어) 또는 황 선생, 어떤 때는 황돌이(개구쟁이 같은 모습으로 장난을 걸 때)로 부르기도 했다.

황구는 강한 자에게 강하고 약한 자에게는 한없이 너그러운 개였다. 사람에게나 할 수 있는 이런 찬사를 한낱(?) 개 한 마리에 기꺼이 바칠 수 있는 이유가 있다. 황구는 몸집이 제법 큰 개라서 사람들에게 두려움을 갖게도 했다. 하지만 그것은 사람들의 선입견일 뿐 낯선 사람에게도 우리 가족의 "황구, 괜찮아." 한 마디에 온순해졌

당당한 황구의 뒤편으로
큰아들이 매달아놓은 샌드백이 보인다.

고, 어린아이들이 자기 주변에 오더라도 절대 겁을 주지 않았다. 어린 강아지들이 자기 밥그릇을 탐내서 덤벼들거나, 닭장을 나온 닭들이 황구 앞을 오고 가며 밥그릇의 사료를 쪼아 먹어도 자기 밥을 지키기 위해 위협하거나 쫓아내지 않았다. 오히려 자기 새끼가 아닌 강아지들을 핥아주기도 하고 장난을 걸기도 하는 너그러운 아저씨였다. 우리 집에 놀러오는 동네 꼬맹이들은 자신들의 용기를 황구를 쓰다듬어주는 것으로 증명하기도 했는데 이럴 때 황구는 온순하게 복종하는 모습을 보여 꼬맹이들의 사기를 북돋아주곤 했다.

황구가 숨겨진 공격성을 드러내는 대상은 이웃집 복길이라는 수놈 진돗개였다. 황구가 강아지일 때 이미 성견이었던 복길이는 어린 황구에게 위협적으로 굴었고 어린 황구는 복길이에게 번번이 괴

흰 눈이 우산리를 덮으면 황구는 더욱 힘이 난다.

롭힘을 당했다. 황구가 복길이만큼 커지자 황구는 어린 시절의 아픈 추억을 기억하고 있다는 듯이 복길이가 우리 집 앞을 지날 때면 늘 공격적인 자세를 보였다. 그러던 어느 날 우연히 황구의 목줄이 풀려버리자 황구는 쏜살같이 복길이에게로 달려갔다. 그리고 기다렸다는 듯이 복길이와 혈전을 벌였고 복길이의 귀 한 점을 물어뜯어 내고, 뒤좇아 간 남편의 제지에 그때서야 싸움을 멈췄다. 황구의 다양한 모습을 보면서 두 아들은 진짜 강하다는 것이 무엇인지를 삶 속에서 깨우쳤으리라 생각한다. 황구는 이렇게 두 아들에게 좋은 선생님이기도 했다.

학생들을 가르치다 보면 눈에 확 띄지는 않지만 내게 위로와 격려가 필요할 때 자신의 자리에서 조용히 따뜻한 눈빛을 보내는 학생들이 있다. 우리 집에서 길렀던 많은 개들 중에 그런 따뜻한 눈빛의 동행자가 바로 예쁜이라는 잡종 진돗개였다. 예쁜이. 이름처럼 예뻤고 나와 마지막까지 퇴촌 생활을 함께했던 순하고 조용했던 개. 지금도 가끔 마음을 파고드는 그리움과 아픔으로 다가오는 존재.

예쁜이는 우리가 퇴촌 생활을 시작한 이듬해에 지킴이와 복길이 사이에서 태어난 암놈 강아지였다. 그때부터 이사하던 해까지 가장 길게 퇴촌 생활을 함께한 동반자였다. 식구들보다 집을 더 많이 지켰던 퇴촌 집의 진짜 주인이라고 해야 하나……. 어렸을 때 죽을 뻔한 고비를 넘기고 잘 성장해서 황구와의 사이에서 몇 차례 새끼를 낳아 주변에 분양도 했고, 산 밑에 살면서 산짐승들로부터 우리를 지켜준 충직한 일꾼이었다. 산책을 데리고 갈 때는 나를 끌고 다닐 수 있는 힘이 있으면서도 나의 제지 명령에 자신의 힘을 조절하고 순종할 줄 아는 온순하면서도 영리한 개였다.

이렇게 모범생 같던 예쁜이에게도 단 한 번의 일탈이 있었다. 어느 겨울, 마을은 새해 첫날부터 내린 눈으로 온통 하얀빛을 발하고 있었다. 큰아들은 눈을 좋아하는 예쁜이를 데리고 앞산으로 산책을 나갔다. 그런데 도중에 갑자기 산속으로 달려가버린 예쁜이를 찾지 못하고 혼자 돌아왔다. 그 후 10일 이상을 우리 식구들은 예쁜이를 찾아다녔지만 찾을 수 없었다. 우리는 예쁜이 찾는 것을 포기하고 스스로 돌아오기만을 기다릴 수밖에 없었다. 3주일쯤 지났을 때 옆집 아저씨로부터 예쁜이처럼 생긴 하얀 개가 저 아래 눈밭에서 왔다 갔다 한다는 이야기를 들었다. 아들 둘과 내가 그곳에 가보니 정말 예쁜이가 자기만 한 누런 수놈 개와 함께 눈밭에서 서성이고 있었다. 우리 식구들은 너무도 반가워 예쁜이를 부르며 다가갔는데 예쁜이는 덤덤하고 냉랭한 모습으로 우리 가족을 바라보았다. 집에 돌아온 예쁜이 곁을 그 누런 개는 며칠간 배회하며 지키다가 떠나버렸다. 그때의 예쁜이는 우리와의 재회보다 자신의 3주간의 화려한 외출이 끝난 것을 더 아쉬워하는 모습이었다. 그런 예쁜이를 보면서 아들들과 나는 자유와 일탈에 대해서 짧지 않은 이야기를 나누었던 기억이 있다. 나도 가끔은 이런 일탈을 꿈꾸기도 한다.

퇴촌 생활 12년 동안 우리 가족과 함께했던 동물 가족은 참 많았다. 가장 작은 몸으로 부지런하게 식구들을 따라다녔던 그림자 같은 애완견 토비, 시골 장에서 단돈 5,000원에 사왔지만 아이들의 사랑을 듬뿍 받았던 자유로운 영혼 호빗, 온몸에서 깨를 볶은 듯한 고소한 냄새를 풍기던 깨순이, 눈의 흰자위만 겨우 흰빛을 띄던 깜둥이, 첫 출산의 후유증으로 한 마리 낳은 새끼와 함께 죽어버린 깜씨 등등.

우리 집 개들만이 아니라 동네 개들도 우리 집을 자기 집처럼 드나들면서 앞마당의 댓돌 위를 차지하기도 하고 아이들의 호위병이 되어 산행을 따라다니기도 했다. 눈만 뜨면 옆집으로 달려가는 아이처럼 겨울과 봄 내내 우리 집을 지켰던 옆집 타냐는 자기 집보다 우리 집을 더 좋아했다. 하지만 자기 형제들이었던 필승이, 대한이, 민국이 — 월드컵 4강의 해에 태어나서 이름도 매우 애국적으로 지었다 — 처럼 다른 집으로 보내졌다. 우리 가족은 이웃들과 정을 나누듯 이웃집 개들과도 많은 추억을 만들었다.

닭은 결코 치킨이 아니었다

전원에서 기른 동물들 중에 나의 선입견과 편견을 철저하게 무너뜨린 것은 닭이었다. 도시 아이들에게 닭은 바삭한 튀김옷에 싸여 고소한 냄새를 솔솔 풍기는 프라이드치킨을 의미하는 경우가 일반적이다. 도시인에게 닭은 생명체가 아니라 최고의 간식거리인 음식일 뿐이다. 도시에서 생활할 때 내게도 닭은 음식물이었다. 그런데 그 닭이 나를 눈물짓게 한 따뜻한 감동의 생명체로 바뀔 줄이야…….

우리 집에는 산자락 바로 밑에 닭장이 하나 있었다. 남편은 광주장에서 이제 막 병아리 티를 벗어난 암탉 세 마리와 수탉 한 마리를 사왔다. 전에 살던 주인에게서 우리 부부는 닭을 기르는 다양한 즐거움에 대해서 들은 터이라 이사한 후 한 달도 안 되어 닭을 사온 것이다.

　여름을 맞이하면서 암탉들은 하나둘 알을 낳기 시작했다. 요란스런 꼬꼬댁 소리가 끝난 후 둥지를 들여다보면 잘 구운 식빵 빛의 달걀이 반짝반짝 빛나고 있었다. 아이들과 내게 아직 온기를 잃지 않은 달걀을 꺼내 오는 일은 가벼운 흥분을 가져오는 신기하고도 즐거운 일이었다. 암탉들은 거의 하루도 거르지 않고 추운 겨울이 오기 전까지 부지런히 알을 낳았다. 초겨울이 되자 추위에 살짝 얼어붙은 생달걀 껍데기는 마치 삶은 달걀 껍데기처럼 벗겨지기도 해서 껍데기를 벗겨낸 달걀을 프라이팬에 구워 먹기도 했다.

　다음 해 봄이 되자 암탉들은 하나둘씩 알을 품었다. 감동은 이 순간부터 잔잔히 일기 시작했다. 알을 품은 암탉들은 그 자리를 뜨는 모습을 거의 보이지 않았다. 모이를 주면 잠깐 자리를 벗어나 화들짝 모이를 쪼아 먹고 얼른 제자리로 돌아갔다. 알을 품기 시작한 초기에는 그나마 조금이라도 모이를 먹던 놈들이 품은지 중반 이후가 되면 아예 자리를 벗어나지 않고 밤낮없이 알들을 품고 있었다. 저러다 굶어 죽는 것은 아닐까 하는 염려를 불러일으킬 만큼 암탉은 결사적으로 알을 품었다. 그렇게 삼칠 일이 지나자 한 마리, 두 마리 병아리들이 깨어났다.

　모든 암탉이 끝까지 알을 품는 것은 아니었다. 노란 빛깔의 토종닭과 흰 빛깔의 닭이 있었는데 알은 흰 닭이 전적으로 품었다. 그리고 흰 닭이 병아리들의 어미 닭이 되었다. 어미 닭은 늘 병아리들을 나란히 몰고 다녔는데 어찌 된 일인지 몇 주가 지나자 병아리 한 마리만 살아남았다. 한 마리 병아리와 세 마리의 암탉, 한 마리의 수탉이 한 가족이 되어 사이좋게 살게 되었다.

  어느 날이었다. 퇴근을 하고 집에 들어서니 마당이 어수선했다. 옆집 아저씨가 나를 보더니 반색을 하며 우리 집 개 지킴이가 풀려 온통 난리를 쳐서 개를 겨우 묶어놓으셨다고 말했다. 나는 깜짝 놀라 닭장으로 달려갔다. 닭장은 한쪽 철망이 무너져 있었고 닭장문도 활짝 열려 있었다. 나는 닭들을 찾아보았다. 암탉, 수탉, 병아리 어느 하나 그 모습이 보이지 않았다. 닭장 밖 언덕 아래에 수탉의 꽁지 깃털이 잔뜩 빠져 있고 여기저기 깃털들이 흩어져 있었다. 나는 순간 지킴이가 수탉을 잡아먹었고 다른 암탉들은 도망갔구나 생각했다.

  닭장 주변을 치우다가 철망 한쪽 구석에 죽은 듯 꼼짝 않고 있는

막 태어난 병아리들과 여전히 또 다른 알을 품고 있는 어미 닭

흰 닭을 발견했다. 흰 닭의 등에는 지킴이가 발로 긁어버린 상처가 길게 쭉 나있었다. 다행히 숨을 쉬는 듯해서 흰 닭을 두 손으로 들어올렸다. 그런데 이게 웬일인가. 닭을 들어 올리자 삐약삐약 하는 병아리 소리가 나는 것이었다. 나는 깜짝 놀라 닭을 가만히 내려놓았다. 그러자 닭의 날개 밑에서 병아리가 톡 튀어나오는 게 아닌가. 날개 밑이 그렇게 안전한 피난처가 될 수 있다는 것을 나는 흰 닭을 통해 알게 되었다. 병아리의 어미인 흰 닭이 병아리를 품어 숨기느라고 자신은 도망도 못 가고 온몸으로 개의 공격을 막아낸 것이었다. 새끼를 살리기 위한 모정은 닭대가리라고 놀림과 조롱의 대상이 되는 닭에게도 진하게 발휘되고 있었다. 다음 날 흰 닭은 상처가 워낙 깊어서인지 죽고 말았다.

다음 날부터 산속으로 숨어버렸던 다른 암탉들이 닭장으로 내려왔다. 하지만 며칠이 지나도록 수탉은 흔적도 찾을 수 없었다. 우리 식구들은 수탉이 자기 가족을 지키기 위해 장렬히 전사 — 지킴이한테 잡아먹힌 것 — 했다고 굳게 믿었다. 가족에 대한 책임감은 수탉에게도 있는 것이라는 칭찬도 아끼지 않았다. 그리고 단란한 가족을 파괴한 지킴이를 우리 집에서 추방해버렸다.

모성애는 본능적이지만 부성애는 문화적이라고 했던가. 닭도 예외는 아니었다. 며칠이 지나도 소식이 없던 수탉이 4일이 지난 대낮에 옆집 마당에서 꼬끼오를 외쳐대더니 우리 집 닭장으로 돌아왔다. 그때의 그 배반감이란……. 수탉의 가족애를 칭찬했던 우리를 비웃듯이 나타난 수탉은 꽁지 빠진 수탉의 초라함을 여실히 드러냈다. 이렇게 해서 엄마 잃은 병아리와 두 마리 암탉, 애비 수탉의 결손 가정이 꾸려졌다.

　어미를 잃은 병아리는 닭장 안에서 천덕꾸러기였다. 엄마 없는 눈물의 밥이 이런 것이라고나 할까. 모이를 주면 암탉과 수탉은 함께 힘을 모아 병아리를 쫓아내고 자기들만 배불리 모이를 먹었다. 병아리는 이리저리 쫓겨 다니면서 남겨진 모이를 겨우 얻어먹으며 자랐다. 우리 식구는 그 병아리를 아리라고 이름 지었다. 아리는 온갖 지청구 속에서도 성장하기 시작했다. 다 자라난 아리는 수탉이었다. 우리 식구는 가족을 지키지 못하고 혼자만 도망쳐버린 데다가 자식 구박까지 한 수탉을 가마솥에 넣어버리는 것으로 그 죄를 물었다. 이제 아리가 닭장 안의 유일한 수탉이 된 것이다.

　수탉의 풍모에 반할 수 있음을 나는 아리를 키우면서 경험했다. 동물들의 세계는 멋있고 아름다운 수컷들의 자기 관리가 암컷들을 차지하기 위해 절대적으로 요구된다. 특히 새들의 경우는 수컷이 암컷에 비해 크고 윤기 나는 다채로운 색깔의 깃털을 가지고 있다. 닭도 새인지라 수탉인 아리는 다른 암탉들의 관심을 끌기에 충분한 외모를 자랑했다. 화사하게 반짝이는 초록빛 공단 같은 꽁지 깃털과 금방이라도 선혈이 뚝뚝 떨어질 것 같은 선홍색의 벼슬, 유럽의 귀족들이 입었던 둥글게 부푼 짧은 바지 같은 다리 깃털, 그 아래로 옅은 미색을 띤 굵고 곧게 뻗은 튼튼한 다리, 살짝만 긁혀도 살집이 뚝 떨어져 나갈 것 같은 날카롭고 단단한 며느리발톱, 암컷들을 날개 깃털 아래 넉넉히 품을 것 같은 우람한 덩치, 어둠을 갈라 새벽을 불러들이는 힘찬 목청, 아리가 사람이라면 뭇 여성의 마음을 빼앗았을 것이다. 아리는 무수히 많은 암탉을 아내로 맞으면서 자신의 젊

수탉 아리는 늘 여러 마리의 암탉을 거느리는 정력남(?)이었다.

음을, 남성을 뽐내며 전성기를 보냈다.

혹시 닭의 수명을 알고 있는가. 대부분의 닭이 치킨 요리로 우리들 식탁에 오르기 때문에 닭의 수명은 인간에 의해 결정되는 셈이다. 하지만 자연 그대로 자유롭게 살 수 있다면 닭은 얼마나 오래 살 수 있을까. 우리 집 아리는 11년을 우리와 함께 살다가 2년 전 겨울에 세상을 떴다. 11년 동안 수십 마리의 암탉을 거느리며 무수한 유정란을 생산하게 했던 아리가 죽었을 때 아리의 발톱은 — 며느리발톱조차 — 뭉툭하게 닳아 있었다. 마치 할머니, 할아버지의 손톱 발톱 끝이 뭉툭하게 뭉개져 있는 것처럼.

아리는 11년 동안 틀림이 없는 시계였다. 계절마다 아리는 새벽을 알리는 시간을 달리 했다. 여름철에는 새벽 4시면 어김없이 기상 나팔을 불어댔고 한겨울에는 어둠이 겨우 꿈틀거리며 물러나는 6시 쯤이 되어야 울어댔다. 남편과 나는 아리의 자연 시계에 맞춰 아침에 일어나곤 했는데 아리는 하루도 자신의 임무를 소홀히 한 적이 없었다.

나는 해마다 새롭게 만나는 학생들에게 흰 닭의 죽음과 아리의 성장 과정에 대해 이야기를 해준다. 학생들의 반응은 다양하다. 여학생들은 흰 닭의 모성애에 감동을 하기도 하고 혼자 자라야 했던 아리의 고난을 안타까워하기도 했다. 남학생들은 아리가 보여준 수탉으로서의 풍모와 위용, 일부다처의 엄청난 남성성에 훨씬 큰 관심을 드러냈다. 어떤 경우든 이야기를 들은 학생들에게 닭은 더 이상 간식으로 먹기에 합당한 무뇌 내지는 소뇌의 치킨이 아니었다. 닭은 그들에게 상상할 수 없는 감동과 교훈을 주는 소중한 생명체로 다가갔다.

어린 시절 나는 학교 앞에서 파는 노란 병아리를 사 들고 오곤 하였다. 뽀얀 노란색에 반해서 그리고 손끝을 간질이는 보드라운 병아리의 깃털이 좋아서 엄마한테 혼날 것을 알면서도 가방에 한두 마리씩 숨겨 왔다. 그때의 병아리는 왜 그리도 빨리 죽어가던지……. 하룻밤을 지내면 보통 한 마리는 상자 속에서 널브러져 있었다. 겨우 남은 한 마리를 살리기 위해 상자를 방안으로 들여와서 좁쌀도 먹이고 따뜻한 아랫목에 놓아두기도 하였다. 내가 생각할 수 있는 모든 방법과 정성을 다해도 병아리들은 이삼 일을 넘기지 못하고 목숨을 놓기 일쑤였다. 초등학생 시절 어린 병아리를 닭이 되도록 키워보는 게 나의 간절한 소원이었다. 어쩌면 이러한 꿈은 나만이 아니라 학교 앞에서 병아리 장수를 만난 적이 있는 모든 어린아이들의 공통된 마음인지도 모르겠다.

　나는 어린 병아리가 닭이 되고, 상상할 수 없을 만큼 오래 살기를 바라던 어린 시절의 꿈을 어른이 되어 시골에 내려와서 드디어 이룬 셈이다. 그리고 그 닭으로부터 모성애라는 최고의 사랑을 확인할 수 있었다. 우리가 한낱 미물로 무시하는 닭조차도 자기 새끼를 지키기 위해 기꺼이 자신을 버리는 것을 보며 세상의 모든 어미된 것에게 경의를 표하지 않을 수 없었다.

세 발 고양이와의 인연

고양이에 대한 나의 기억은 어린 시절 불렀던 '검은 고양이 네로'라는 가요, '고양이 춤'이라는 경쾌한 피아노곡, 그리고 명화극장 시간에 보았던 '검은 고양이'라는 섬뜩한 외화와의 만남에서 시작된다. '검은 고양이 네로'와 '고양이 춤'을 통해서는 귀엽고 앙증맞은 고양이가 떠올랐지만 외화 '검은 고양이'가 준 무서움이 너무 커서 고양이는 내게 기피하는 동물이 되었다.

시골 생활은 나의 고양이 기피증을 씻어내었다. 도둑고양이 – 요즘은 길고양이라는 낭만적 이름으로 바뀌었지만 – 는 시골에는 흔한 동물이었다. 우리 집에도, 옆집에도 어디선가 고양이가 나타났다 사라지곤 했다. 쓰레기봉투를 잘 정리해서 마당 한구석에 놓아두면 봉투가 여기저기 찢겨 있고 쓰레기들이 마당에 흩어져 있었는데 고양이가 아니면 이런 일은 일어날 수가 없었다. 나는 한동안은 자꾸 일거리를 만들어 놓는 고양이가 싫어서 고양이 모습만 보이면 쫓아냈다.

그러던 어느 해 겨울이었다. 그해는 눈이 많이 내려 고양이들이 먹을 게 없어 이리저리 헤매는 모습이 눈에 많이 띄었다. 그중 한 마리 고양이가 내 눈에 들어왔다. 먹이를 놓고 고양이들끼리 싸움을 벌이는데 번번이 수세에 몰려 쫓겨나는 놈이 있었다. 그 고양이는 언젠가 부엌 유리문 밖에 내놓은 먹을 것을 탐내며 어슬렁거리던 바로 그 누런 줄무늬 고양이였다. 자세히 보니 그 놈은 앞발 하나가 안쪽으로 꺾인 절름발이였다. 몸집도 깡마르고 털도 까칠한 것이 제

길고양이에서 우리 집 고양이로
당당히 자리잡은 고양이 나비

대로 먹지 못하고 있음이 분명해 보였다. 나는 고양이가 무척 불쌍하게 생각되었고 다음 날부터 고양이를 위해 먹을 것을 조금씩 부엌 바깥에 내놓았다.

누렁 고양이와의 만남은 이렇게 시작되었다. 관계가 이루어졌으니 이제 그 고양이를 부를 이름이 필요했다. 나는 누렁 고양이를 나비라고 불렀다. 처음에는 먹이만 재빠르게 물고 달아나던 나비는 시간이 점점 쌓이자 내가 부엌문을 열어도 잠깐 경계하는 모습만을 보여주었다. 그러다가 내가 더 이상의 움직임을 보이지 않으면 내놓은 먹이를 다 먹고 유유히 사라졌다. 그해 겨울 유리문을 사이에 두고 나비와 나는 적당한 거리를 유지한 채 지냈다. 나비는 겨우내 내가 주는 먹이로 허기와 추위를 달랜 것 같았다. 나비가 우리 집을 오고 갔던 그 겨울은 가끔 출몰하여 나를 서늘하게 했던 쥐들의 모습을 찾아볼 수 없었다. 관계란 결코 일방적이지 않다. 나만 나비에게 온정을 베푼 게 아니라 나비도 내게 기대하지 않았던 큰 선물을 준 것이다.

봄이 되어 추위는 떠났는데도 나비는 우리 집 댓돌 주변을 떠나지 않았다. 어느새 나는 나비를 기다리게 되었고 나비는 나를 기다리게 되었다. 늘 일정한 거리를 유지하면서……. 나는 댓돌 위에 날마다 나비를 위해 먹이를 내놓았다. 나비는 내놓은 음식을 기다리지만 않고 먹이가 없을 때는 야옹야옹하며 먹이를 요구하는 경우가 많아졌다. 반가운 마음에 먹이를 내놓고 한 발이라도 더 다가가려 하면 나비는 어김없이 꼬리를 치켜세우고 등을 활처럼 휘게 만들었다. 여전히 나비는 경계의 끈을 놓지 않았다.

한 계절을 속절없이 보내다가 나는 나비와의 교감을 시도했다. 먼저 밥을 줄 때에 고양이의 눈을 뚫어지게 바라보았다. 눈싸움이었다. 눈싸움에서 이기기 위해서는 먼저 눈을 깜빡이거나 눈을 돌려서는 안 된다. 나도 고양이도 눈을 떼지 않고 서로를 오래 바라보았다. 더 이상 참을 수 없을 만큼 눈꺼풀이 긴장된 순간 다행스럽게도 나비가 먼저 눈을 슬며시 돌렸다. 그 순간 동그랗던 고양이의 동공이 실처럼 가늘어지고 눈 주위가 파르르 떨리면서 수줍은 듯, 어색한 표정을 지으며 고양이가 고개를 살짝 돌린 것이다. 드디어 나는 고양이를 이긴 것이었다.

이런 기 싸움은 새 학기를 맞아 새롭게 만나게 된 학생들 사이에서도 자주 일어나는 일이다. 때로는 교사를 두고 기 싸움을 걸어오는 학생들을 만나기도 한다. 이럴 때 나는 담담한 어조로 일단 학생들 앞에서 그 학생의 기를 세워준다. 무조건 그 앞에서 당장에 이기려 하지 않는다. 청소년기만큼 영웅주의에 사로잡히는 때는 없기 때문이다. 일단은 작은 영웅이라도 만들어 주어야 한다. 그리고 조용히 그 학생을 불러서 나의 솔직한 심정과 감정, 나의 대응 태도를 설명한다. 대부분의 학생은 친구들 앞에서는 물불을 안 가리지만 일대일의 만남에서는 온순해진다. 이렇게 해서 서로를 이해하게 되면 그 학생은 다시는 여러 학생들 앞에서 나를 욕보이거나 곤란하게 하는 행동을 하지 않는다. 내가 자신을 존중하고 있다는 것을 알기 때문이다. 존중받는 사람은 다른 사람을 존중할 줄 안다.

기 싸움에서 이긴 나는 더욱 적극적으로 나비와의 교감을 시도했다. 밥을 주면서 아기에게 말을 걸듯이 어르고 달래는 소리를 냈다.

그러자 옹알이를 시작하는 아기처럼 내 한 마디, 한 마디의 웅얼거림에 나비도 다양한 높낮이와 장단음으로 하나하나 반응하였다. 무척 신기하기도 하고 놀랍기도 하고……. 이러한 관계 변화에 대해 아들들에게 이야기하자 아들들은 설마 하는 뜨악한 표정을 보였다. 나는 작은아들에게 직접 확인해보라며 작은아들 앞에서 나비에게 말을 걸었다. 그러자 나비도 기다렸다는 듯이 나를 바라보며 야옹거렸다. 나의 완벽한 승리, 작은아들은 이 놀라운 변화를 이끌어낸 나에게 경의(?)를 표했다.

살아가다보면 다가가는 데 많은 시간이 필요하고 사귀기 힘든 상대가 있다. 하지만 일단 서로의 마음을 열고 확인한 후에는 급속히 신뢰가 쌓이고 관계가 깊어지기도 한다. 나비와 나도 이런 관계의 변화를 경험하였다. 나비는 우리 집의 주인인 양 댓돌 위에 배를 길게 깔고 한낮의 낮잠을 즐기기도 하고 다른 고양이가 우리 집 마당을 지나가기라도 하면 빠르게 달려들어 쫓아내곤 하였다. 나비가 이전까지 다른 고양이와의 싸움에서 그토록 열세이다가 이렇듯 의기양양해질 수 있었던 것은 '나'라는 든든한 후원군이 생겼기 때문이었다. 나비가 먹으라고 내놓은 밥그릇을 다른 고양이가 넘봐서 둘이 싸우게 될 때 나는 늘 나비를 편들어 다른 고양이를 쫓아냈다. 이런 일이 몇 차례 계속되자 나비는 나를 자기편으로 인식한 듯했다.

나비는 이제 어엿한 나의 식구가 되었다. 밝은 햇빛 아래 퇴근을 할 때면 나비는 어김없이 댓돌 위에 몸을 길게 늘이고 있다가 부엌 유리문 앞으로 다가왔다. 나는 이런 평화로운 관계가 마냥 계속되리라 믿었다. 물론 간혹 나비가 며칠씩 모습을 드러내지 않는 경우가 생기기도 하였지만 아무리 길어도 일주일이 되기 전에 다시 유리문 앞에서 자신의 귀가를 알리곤 하였다. 그렇게 3년의 세월이 흘렀다.

그해 여름은 꽤나 더웠다. 나는 집안에 일이 생겨서 1주일 이상 집을 비워야 했다. 일주일 정도라면 '어디서든 스스로 자신의 먹이는 해결하겠지.'라고 생각했다. 1주일만에 집으로 돌아와서 유리문을 열어 놓고 먹을 것을 내놓았다. 곧 어디선가 나의 귀가를 발견하고 '나비가 돌아오겠지'라고 기대하면서……. 돌아온지 며칠이 지나도 나비는 모습이 보이지 않았다. 나는 여름철이라 먹을 것이 많아서 더 돌아다니나 생각하고 덤덤히 기다렸다. 그런데 2주, 3주가 지나도 나비는 모습이 보이지 않았다. 나는 슬슬 불안해지기 시작했다. 이제 곧 여름방학이 끝날 텐데 왜 소식이 없을까.

기다리기에 지친 나는 옆집 아저씨와 이웃 할머니께 나비의 행방을 수소문했다. 처음엔 다들 모르겠다고 하셨다. 며칠 후 이웃 할머니가 누렁 고양이가 차에 치어 죽었다는 소식을 전하셨다. 이웃 할머니도 나비가 발을 절뚝거리고 다니기 때문에 분명히 기억하고 계셨는데 며칠 전에 차에 치인 고양이가 나비라는 것이었다. 나는 충격과 죄책감에 빠졌다. 내가 좀 더 나비를 잘 돌보아 주었더라면 나비는 쓰레기통을 뒤지기 위해 길을 건널 이유가 없었을 텐데 내가 집을 너무 길게 비워서 나비가 집을 나갔구나. 그래서 결국 죽게 되었구나. 나는 나비를 정말 사랑한 게 아니었구나 등등 순식간에 많은 생각들이 스쳐지나갔다. 갑자기 마음 한구석에 구멍이 뻥

뚫려 버린 듯했다. 뚫린 마음속으로 끝없이 찬바람이 휘휘 지나가고…….

그렇게 가을을 맞이하였다. 그런데 어느 날 퇴근하여 집에 돌아오니 댓돌 위에 절름발이 나비가 엎드려 있었다, 마치 어제까지도 그렇게 있었다는 듯이 천연덕스럽게. 어찌나 반갑고 기쁘던지 나비를 품 안에 안을 수만 있다면 나는 덥썩 끌어안았을 것이다. 어디서 무슨 짓을 하다가 이제야 온 것은 문제가 되지 않았다. 아무튼 나비가 내 눈앞에, 우리 집에 돌아오지 않았는가. 나비의 귀가! 나비는 다시 한식구로 당당히 귀환했고 내가 퇴촌을 떠날 때까지 소중한 식구였다.

우리 가족이 퇴촌에서 이사를 간 후 목사님께서 한동안 퇴촌 집에서 요양을 하셨다. 나는 나비가 우리 집에 꼭 필요한 현실적인 이유 - 나비가 있으면 쥐는 없다. - 를 말씀드렸다. 목사님은 나비를 식구처럼 돌보셨다. 내가 1년만에 퇴촌에 다니러 갔을 때 나비는 몸집이 두 배는 커져 있었고 새끼도 네 마리나 거느린 어미가 되어 있었다.

내가 나비에게 준 사랑은 매우 제한적이었다. 나는 결코 고양이 사료를 사서 나비를 먹이지 않았다. 먹다 남긴 음식만을 주었다. 고양이에게 사료를 사서 먹여야겠다는 생각을 나는 해 본 적이 없었다. 하지만 목사님은 나비만을 위한 사료를 준비하셔서 더 따뜻하게 돌보셨다. 받는 사랑만큼 커 가는 것은 사람만이 아니었다. 동물도 사랑을 먹을 때 더 많이 성장함을 확인했다. 절름발이 나비가 어미가 될 수 있다는 생각을 한 번도 해 보지 못한 내게 나비의 변화는 엄청난 충격이었다. 그리고 사랑에 대한 나의 허위의식을 완전히 무너뜨렸다. 나의 필요만큼 적당히 돌본 것을 사랑으로 착각했던 내가 얼마나 이기적이고 자기중심적인지가 적나라하게 드러났다.

나를 포함한 요즘 부모들의 사랑도 그런 것이 아닐까. 자기 필요와 자기중심적인 돌봄을 마치 자녀에 대한 헌신이요 사랑으로 착각하는 것은 아닌지…….

진정한 사랑은 성장과 독립을 함께 가져온다. 그리고 사랑의 물길이 계속해서 흘러갈 수 있도록 한다.

봄은 앵초와 함께 시작되었다

　우산리에서 처음 맞은 계절은 봄이었다. 봄은 꽃 이야기로 시작해서 꽃 이야기로 끝날 만큼 온갖 꽃들이 그 모습을 드러낸다. 4월 말에 이사를 했으니 꽃샘추위도 모습을 감춘 화사한 봄의 절정. 집 뒤의 야산에는 우리 집을 껴안을 듯이 큰 키를 숙인 산벚나무가 연분홍빛 꽃망울을 폭죽처럼 터뜨리고 있었다. 서울 토박이인 내게는 산에서, 들에서 심지어는 우리 집 마당에서 만나는 무수한 꽃들이 모두 낯설고 신기해만 보였다.

　그렇게 많은 풀과 꽃들이 있다는 사실과 너무도 작고 하찮아 보였던 그 들풀, 들꽃들이 비록 잘 불리지는 않지만 이름을 가지고 있다는 사실이 놀라웠다. 어떤 들꽃은 이름에 얽힌 그럴듯한 사연들도 품고 있었다. 나는 이 풀과 꽃, 나무들의 이름을 기억하기로 결심

했다. 그것은 마치 학교에서 학생들을 처음 만날 때처럼 소중한 기대감과 친근감을 갖게 했다.

학교에서 학생들을 가르치다 보면 다양한 모습의 학생들을 만난다. 어떤 학생들은 분명한 특징과 개성, 눈에 띄는 실력을 갖추고 있어서 쉽게 그 이름이 기억된다. 하지만 대부분의 학생들은 비슷비슷한 특징과 평범한 실력, 온순한 성품 때문에 몇 학년 몇 반 학생이라는 정도로만 기억된다.

교직 생활을 시작하면서 가장 많이 노력했던 것은 학생들의 이름을 기억해서 이름으로 학생들을 부르는 것이었다. 담임이 되면 반 학생들의 얼굴을 보기 전에 이름부터 몇 번씩 써보거나 읽어 본다. 이름을 외우기 위해 무척 애를 쓰다보면 이름만 아는 그 학생이 무척 친근하고 소중하게 느껴지면서 만남에 대한 기대를 품게 한다. 교실에서 처음으로 입 속에 맴도는 이름을 부르고 학생의 얼굴을 확인하는 순간 반가움이 밀려온다. 이름을 안다는 것은 이런 기분을 느끼게 한다.

전원의 봄에서는 하루가 다르게 알 수 없는 풀, 꽃들이 모습을 나타냈다. 나는 이웃집 아줌마와 할머니들이 귀찮아할 만큼 묻고 묻고 또 물었다. 이사 첫해 봄에 나는 개망초와 씀바귀, 냉이, 꽃다지, 달래, 산취 등을 구별할 수 있게 되었고 이것들로 밥상에 봄을 불러들일 수 있었다.

한가한 봄날 나는 우리 집과 담장을 끼고 있는 이웃집 마당으로 꽃구경을 갔다. 도시 꽃집에서는 찾아보기도 힘든 봄꽃들이 시골 마당 구석구석을 수줍고 은은하게 빛내고 있었다. 나란히 늘어선 세 집 모두에서 발견한 분홍색 여리디여린 꽃. 한 뼘이나 될 듯 말 듯 한 키에 화려하지도 촌스럽지도 않은, 수줍게 분홍빛을 띤 작은 꽃. 나는 첫눈에 이 꽃에 반해버렸다. 이 꽃의 이름을 묻자 앵초라고 했다. 앵초, 앵초. 나는 나만의 연인을 불러보듯 여러 번 입 안에서 이름을 굴려보았고 내년 봄에는 우리 집 화단에도 이 꽃을 피우리라는 야무진 결심을 했다.

첫사랑은 이루어지기 어렵고 다만 추억 속에서 아름답게 빛날 뿐이라고 하던가. 앵초를 향한 나의 첫사랑은 실패를 거듭해야 했던 쓰린 사랑의 시작이었다. 이듬해 봄 나는 이웃집 할머니에게서 앵초를 분양받았다. 그때만 해도 서울의 꽃시장에는 앵초가 나와 있지 않았고 요즘 팔고 있는 앵초도 시골 마당에서 피어나는 앵초와는 모습이 많이 다르다. 나는 정성껏 심었다, 꽃이 피어있는 것 몇 포기, 봉오리를 달고 있는 것 몇 포기를.

첫해는 꽃들이 모습을 보여줘서 나를 행복하게 했다. 하지만 분명 월동을 한다던 앵초는 다음 해 봄에 아무리 심었던 자리를 들여다보아도 단 한 포기도 모습을 드러내지 않았다. 그 허망함과 좌절감이란……. 내 화단으로 이사 온 앵초가 사라졌다는 사실을 나는 이웃집 할머니께 미안하고 부끄러워 말할 수 없었다. 그리고 다시 몇 년을 앵초가 피어있는 이웃집 봄 마당을 기웃거리면서 지내야 했다.

그냥 심어만 놓으면 어김없이 다음 해에 다시 나오는 것이 앵초라는데 그것도 전해보다 더 많이 퍼져서 마당을 장식한다고 했는데 우리 집 앵초는 어디에 갔을까. 그냥, 그냥이라고 했는데…….

의문과 아쉬움 속에서 몇 년을 보내다가 깊어진 관계를 등에 업고 이번에는 다른 집에서 앵초를 분양받았다. 제발 이번만은 나도 앵초 부자가 되고 싶었다. 그동안 앵초는 성공하지 못했지만 마당 여기저기 다른 꽃들을 심어보면서 꽃을 기르는 노하우가 조금은 쌓였다는 자신감이 있었다. 앵초 심을 자리를 좀 더 넓게 잡아주고 주변을 정리한 후 앵초를 심었다.

다음 해 봄 나는 지난 겨우내 쌓여있던 나뭇잎들을 조심스레 들추다가 앵초 이파리들을 발견했다. 솜털을 보송보송 달고 애기 손바닥같이 보드라운 잎을 조심스럽게 펼치고 있는 어린 앵초. 그것도 혼자가 아니라 옆에 자기만큼 작은 친구들을 몇 명 거느리고서……. 야호 드디어 우리 집 화단에도 앵초가 자리를 잡았구나.

나에게 수차례 도전과 좌절을 맛보게 했던 앵초

이렇게 나를 기쁘게 했던 앵초는 2~3년을 더 피다가 슬그머니 그 모습이 사라져 버렸고 나는 다시 한 번 이를 악물고 앵초를 얻어다 심었다. 그만큼 앵초에 대한 나의 사랑과 집착은 강하고 깊었다. 이제는 우리 집 화단에 분명한 식구가 되어 그 자리를 차지하고 있다.

나에게 좌절과 기쁨을 맛보게 한 앵초 외에도 나는 이웃들에게서 맥문동, 마늘꽃, 나리꽃, 족두리꽃, 달맞이꽃, 매발톱, 패랭이꽃, 꽃잔디, 피나물, 상사화, 붓꽃, 꽃창포 등등을 얻기도 하고 나누어 주기도 하면서 봄을 준비하고 누릴 수 있었다. 겨울의 추위를 함께 이겨낸 옆집 사람들과 꽃 이야기로 봄을 시작한다는 것은 도시에서는 상상할 수 없는 축복이요 아름다움이었다. 꽃을 이야기하는 순간 어떻게 다른 세상적인 욕심이나 근심이 끼어들 수 있겠는가.

이사를 하고 세 번째 봄을 맞았을 때였다. 아침 일찍 출근 준비를 서두르면서 마당을 나서는데 묻어놓았던 장독 옆으로 전날까지도 보지 못했던 노란 꽃, 병아리색처럼 밝은 노란 꽃이 뽀얀 빛을 뿜어내고 있었다. 발목에나 겨우 닿을 만한 높이로 단 한 송이 피어난 노란 꽃 — 나중에 알게 된 이름이 피나물이었다. — 이 우중충한 겨울을 순식간에 물리치고 화사한 봄을 만들어내고 있었다. 그 순간 내 가슴에는 찌르르 전류가 흐르는 듯한 반가움과 감동이 흘렀다. 나는 그날 학생들에게 아침의 그 노란빛 반가움과 감동을 이야기했다.

칙칙한 회색빛 건물들과 지저분한 겨울의 흔적들을 품고 있는 아스팔트길, 이파리는 하나 없이 가지만 앙상한 나무들이 풍경의 전부인 학생들에게 자연 속의 봄을 전하기 위해 내가 사용할 수 있는 가장 생생하고 감동적인 단어들을 찾기 위해 열을 올렸다. 부자는 돈

나도 나만의 꽃밭을 드디어 만들어냈다.

만 많다고 되는 것이 아니라 자연의 소박한 선물로도 될 수 있다. 나는 오늘 세상 누구보다 부자가 되었다고 이야기했다. 학생들에게 나의 이런 감동이 얼마나 전해졌는지는 모르겠지만 나는 자연 속에서 발견한 소담한 봄의 모습을 학생들에게 선물하고 싶었다.

전원에서의 봄은 도시에서는 생각하지 못했던 많은 선물을 가져왔다. 나는 봄을 통해 이웃들과 더욱 가까워질 수 있었고 전에는 결코 학생들에게 전하지 못했던 살아있는 봄의 정취와 감동을 전할 수 있었다. 그리고 무엇보다 내 자신에게 주변을 주의 깊게 보는 따뜻한 관찰력과 작고 소박한 것에 감동할 수 있는 순수한 마음을 갖게 하였다.

평범하고 소박한 들녘에서 들꽃을 자세히 오래 들여다보면서 봄을 맞아본 사람은 우리를 잔잔한 감동으로 물들이는 어느 시인의 시구를 생생하게 가슴에 되살릴 수 있으리라.

"자세히 보아야 예쁘다······."

텃밭을 밥상 삼아

요즘처럼 우리 사회에서 건강이 모두의 화두가 되는 경우가 있었을까? 양보다는 질이 우선하면서 얼마만큼 먹을 수 있는가보다 무엇을 먹을 수 있는가가 더 중요해졌다. 주말 농장이니 도시 농부니 하는 것도 무엇을 먹느냐의 문제가 가져온 트렌드이다.

사람들은 무조건 오래 살고 싶은 것이 아니라 건강하게 오래 살고 싶어 한다. 건강하게 살려면 먹는 것을 생각하지 않을 수 없다. 고기보다는 야채나 과일을 많이 먹는 것이 건강에 좋고, 야채 중에서도 유기농 야채나 과일이면 더 좋다. 그래서 대형마트이든, 동네 슈퍼마켓이든 친환경 농산품 코너가 마련되어 있다. 중소 도시에조차 친환경 농산품이나 공산품을 파는 전문 매장이나 조합들이 들어설 정도이니 친환경에 대한 욕구는 거의 전국적이다.

무농약 고추나 오이, 상추 등의 잎채소는 매장에 가면 얼마든지 살 수 있음에도 사람들은 우리 집 텃밭에서 나오는 채소들을 부러워하였다. 내가 직접 텃밭을 가꾸면서 사람들의 부러움의 이유를 충분히 이해할 수 있었다. 아무리 비싼 가격의 무농약 고추, 오이도 텃밭에서 금방 따온 고추, 오이 맛을 능가할 수 없었다. 정말 맛이 달랐다. 밥상에 오른 반찬으로만 그 모습을 알고 있던 야채들을 직접 땅에 심고 가꾸면서 나의 세상은 넓고 풍성해졌다. 씨를 뿌리면 싹이 나고 꽃이 피고 열매를 맺는다는 평범한 사실이 신비롭고 감사하게 생각되었다.

대부분의 농부들은 밭농사를 지을 때 비닐을 이용해서 멀칭을 한다. 농작물의 종류에 상관없이 봄이 되면 새 옷을 갈아입듯 밭이랑은 새로운 비닐 옷을 입게 된다. 밭이 크든 작든 비닐이 덮인다. 이렇게 해야 채소보다 먼저 자라고 나중에 사라지는 온갖 잡풀들로부터 채소를 지켜낼 수 있기 때문이다. 잡초를 제거하는 수고로움을 피하면서 가물 때 습기를 유지하는 편의성을 고려한다면 비닐 멀칭은 대단히 효율적인 방법이다.

비닐이 농사를 쉽게 만드는 것은 분명하지만 한편으로는 건강함을 잃게 한다. 비닐을 씌우면 비닐에 덮인 땅은 숨을 쉬기 힘들어지고 지렁이도, 다른 벌레들도 잘 살지 못하게 된다. 그리고 땅은 점점 힘을 잃어간다. 대지는 엄마라고도 하는데 엄마가 힘이 없으니 거기서 태어난 자식(농산물)이 건강할 리가 없다. 약한 자식을 건강하게 만들려면 밥도 많이 먹이고, 보약도 먹여야 한다. 채소도 마찬가지다. 약한 채소들이 건강해지라고 밥도, 약도 먹여야 한다. 그래서 채소들은 더 많은 농약과 비료를 먹는 것이다. 농민들이 채소에 치는 농약은 땅의 힘을 못 받는 데서 오는 필연적인 결과이다.

우리 집에는 집 뒤의 산자락 아래에 5평이 조금 넘는 텃밭이 있었다. 남편과 나는 시간의 자유를 얻을 것인가, 땅의 건강함을 얻을 것인가를 놓고 고민했다. 결국 건강한 땅에서 자란 건강한 채소를 먹기로 결심했다. 그리고 비닐 없는 맨흙 위에다 모종을 심고 씨를 뿌렸다. 이 숭고한(?) 결단이 소꿉놀이처럼 보이는 우리 집 텃밭, 5평 농사를 적어도 내게는 몇백 평 농사로 바꾸어 버렸다.

나는 풀들이 그렇게 빠르고 강하게 자랄 줄 몰랐다. 두둑을 만들고 고랑을 파고, 고추, 토마토, 상추, 쑥갓, 오이, 고구마 등등을 심었다. 처음엔 두둑을 만든 그대로 내가 심은 채소만 자랄 줄 알았다. 상추를 따 먹으려면 시간이 필요했고 상추가 자랄 무렵이 되자 풀들도 같이 자라 있었다. 그래도 상추는 다른 채소와는 달리 풀들보다 쑥쑥 자랐지만 쑥갓이나 오이, 고구마, 고추 등등은 자신의 공간을 잡초들과 나눠 쓰고 있었다. 내 손과 맘이 바빠지지 않으면 고추 하나 얻지 못할 것 같았다.

모든 일에는 적기라는 게 있다. 잡초를 뽑는 일도 시기를 잘 맞추어야 한다. 시기를 놓치면 잡초는 뿌리를 단단히 내려서 몇 배의 노력을 들여도 쉽게 뽑히지 않는다. 채소 모종이 뿌리를 내릴 때 잡초를 제거해야 채소는 쑥쑥 자란다. 그리고 모종이 웬만큼 자라면 이제 채소 모종이 잡초보다 강해진다. 그때까지는 수시로 잡초를 제거하는 수고로움을 감수해야 한다.

하지만 알고 있다고 행동이 늘 따라가지는 않는다. 나의 텃밭 농사가 그랬다. 학교일이나 집안일에 바빠서 잠깐 텃밭을 소홀히 하면 그 결과는 너무도 참담했다. 장마라도 들어서 그나마 있던 채소도 녹아내리면 텃밭은 온통 잡초밭으로 변했다. 이런 일들이 몇 년 동안 반복되었다. 아무리 작은 규모지만 농사는 농사였다. 그리고 나는 너무도 어설픈 풋내기농부였다. 비닐 안 친 농사의 어려움은 생각보다 훨씬 힘들었다.

비닐멀칭에 대한 유혹에 적지 아니 시달리는 나와는 달리 남편은 텃밭의 소출이 전혀 없더라도 비닐은 안 된다는 원칙을 포기하지 않았다. 바위 같은 남편의 고집을 단 한 번 꺾은 적 있다. 드디어 비닐멀칭을 하고 이것저것 심었지만 여전히 텃밭은 내 뜻대로 가꾸어지지 않았다. 비닐 사이로 풀이 무수히 비집고 나왔다. 많은 경우 농민들이 밭에 비닐 옷을 입히고도 그 위에다 종종 제초제까지 뿌렸던 이유가 여기에 있었다. 농사는 농사대로 망치고 나는 비닐을 거둬들이는 수고 위에 남편의 온갖 구박을 다 받아야 했다. 남편의 원칙은 겪어 봐도 생각해 봐도 맞는 것이었다. 몇 차례의 시행착오를 겪으면서 나는 조금씩 농가주부의 색깔을 지녀갔다.

장마 뒤끝에 고추에 탄저병이 오는 경우가 많다. 그런데 우리 집 고추는 ― 비록 여남은 포기에 불과했지만 ― 온 동네 고추밭이 탄저병에 타들어갈 때도 싱싱한 빛깔을 잃지 않았다. 단 한 번의 농약 세례가 없었는데도 땅힘이 그 모든 병충해를 이기게 한 것이다. 땅이 사시사철 햇빛을 쬐고 바람을 맞으며 비를 마시고 눈을 덮을 수 있도록 자연에 맡겨 두었더니 많은 벌레들이 깃들어 살게 되었다. 그 벌레 ― 주로 지렁이 ― 들이 고추를 병충해로부터 지켜 주는 파

수꾼이었다. 받은 사랑을 돌려줄 줄 아는 지렁이가 징그럽기는커녕 사랑스러웠다. 그리고 잘 자라준 고추들이 고마웠다.

시골 생활의 햇수를 더해 가면서 이제 조금씩 나만의 개성 있는 텃밭을 만들게 되었다. 다른 집 텃밭에서는 잘 자라는 것도 우리 텃밭에서는 갈라지기도 하고 제 모양을 잃어버리는 것들도 있었다. 나는 우리 집 텃밭에서 잘 자라는 채소들을 골라 심기 시작하였다. 쌈밥집에서 만나는 다양한 잎채소들이 우리 텃밭을 풍성하게 채워 갔다. 나도 이제 진짜 퇴촌댁이 된 것이다.

텃밭에 채소가 자라기 시작하는 4월 중순부터 무서리가 내리는 10월 말까지 텃밭은 나만의 야채 창고였다. 퇴근이 늦어 특별한 반

여리고 어설프지만 다정하게 자라던
나의 텃밭, 나의 밥상

찬을 준비하지 못했을 때나 갑자기 찾아온 손님에게 한 끼 식사를 대접할 때 텃밭에 올라가면 금방 바구니 가득 먹을 것을 담아올 수 있었다. 텃밭 그대로가 밥상으로 옮겨졌고 자연을 품은 밥상은 맛있고 건강하고 싱싱했다.

텃밭 가꾸기는 비약이나 생략이 없다. 각각의 과정을 거쳐야 씨가 싹이 되고 잎이 되고 꽃이 되고 열매가 되었다. 정성이나 노력 없이는 아무것도 거둘 수 없다. 사랑도 빠뜨릴 수 없다. 사랑의 말을 듣고 자란 식물은 잘 자란다는 실험 결과가 있다. 텃밭에 씨를 뿌릴 때, 물을 줄 때, 잎을 뜯어 먹을 때, 열매가 달릴 때 나는 참 많이 식물들에게 말을 걸었다. 사랑한다고, 고맙다고, 잘 자라 달라고, 잡초와 싸워서 이겨내라고…….

나는 동물에게도, 식물에게도 마치 사람에게처럼 말을 걸고 어루만지고 사랑을 나눈다. 내가 시골에서 살지 않았다면 나의 교감과 소통의 세계는 훨씬 작고 좁았을 것이다.

2부 아이들의 학교생활

덤프트럭을 히치하이킹하다

　시골로 이사 온 후 닥친 어려움 중 하나는 아이들의 통학 방법이었다. 작은아들은 초등학생이라 학교 버스가 아이를 태워가고 태워다 주었다. 하지만 큰아들은 중학생이라서 학교 버스가 운행되지 않아 일반 버스를 타고 다녀야 했다. 일반 버스는 출근과 등교가 있는 아침 시간대에는 6시 10분, 7시 10분에 각각 한 대씩 배차가 되어 있고 이후에는 9시가 다 되어서야 배차가 이어졌다. 버스를 타면 20분도 채 안 걸리는 거리인데도 8시 30분 등교 시간에 맞추기 위해서는 7시 10분 차를 타야만 했다. 그나마 등교 시간은 나의 출근 시간에 맞춰 내 차로 태워다 주기도 하였지만 사정이 생겨 함께 등교할 수 없는 경우에는 아침 일찍 오는 버스를 타야 했다. 하굣길은 버스로 돌아올 수밖에 없는데 버스의 배차 간격이 거의 1시간 정도씩 떨어져 있어서 불편함이 이만저만이 아니었다. 도시에서는 생각도 할 수 없는 불편함이었다.

내가 가르치는 학생들은 대부분 걸어서 학교에 다녔다. 버스를 이용하는 경우에도 짧은 배차 간격으로 등교에 큰 불편함이 없었다. 그런데도 학생들은 지각도 많이 하고, 아침밥도 못 먹고 오는 경우가 허다했다. 하지만 우리 아들을 비롯해서 시골 학교를 다니는 학생들은 달랐다. 집이 멀수록 지각을 하지 않는다는 말을 증명하듯이 아침 일찍 차를 타고 학교까지 30~40분 이상을 걸려 등교하는 아이들도 지각을 거의 하지 않았다. 아침밥도 잘 챙겨 먹는다는 것을 나는 큰아들을 통해서 들을 수 있었다.

출근길에 나는 우산천을 따라 살고 있는 여러 명의 아이들을 내 작은 티코에 가득 태우고 다녔다. 큰아들, 옆집 매화·민식이 남매, 아들 친구인 태웅이. 누구 한 명도 나를 기다리게 하지 않고 늘 정확한 시간에 차에 올랐다. 우리는 8킬로 정도의 거리를 이런저런 이야기를 하며 학교로 갔다. 이런 등굣길은 큰아들이 고등학생이 될 때까지 계속되었다. 물론 작은아들이 중학생이 되면서 동승객이 바뀐 채로 다시 이어지긴 했지만…….

하교 때 여학생들은 착실하게 버스를 이용하지만 방과 후 운동장에서 운동을 하거나 읍내 거리 이곳저곳을 기웃거리기를 좋아하는 남학생들은 버스를 놓치는 경우가 많았다. 결국 남학생들은 자기 나름대로 다양한 귀가 방법을 찾을 수밖에 없었다.

남학생들이 가장 많이 사용하는 방법은 히치하이킹이었다. 퇴촌은 서울 시민들의 드라이브 코스로 많이 이용되던 곳이라 이곳을 지나는 드라이브족들은 심리적으로나 시간적으로 넉넉한 사람들이 많았다. 큰아들도 예외가 아니라 친구들과 함께 히치하이킹을 이용하는 듯했다. 아이를 태워주는 사람들의 궁금증도 다양해서 큰아들은 이러한 짧은 만남에서도 사람들의 다양한 모습을 발견하는 듯했다.

아이의 말에 따르면 대부분 차를 태워주는 분들은 자신들을 불쌍히 여기는 것 같다고 했다. 안쓰러운 표정으로 조심스레 부모님이 무엇을 하시느냐, 어떻게 학교에 다니느냐, 여기가 고향이냐 등등을 묻는다고 한다. 아이는 묻는 사람의 태도에 따라 농사를 짓는다고도 하고(남편은 고향 아산을 오가면서 실제 농사를 지으며 농부로 불리는 것을 무척 좋아하던 때였다.) 선생님이라고도 했단다. 대답에 따라 반응이 아주 달라지는 어른들의 태도가 신기하지만 사람들은 참 착해서 조금이라도 집 가까이 내려주려고 애를 쓴다고 했다.

나도 히치하이킹을 많이 당했다(?). 내 아이를 태워다주는 고마운 사람이 많듯이 나도 이곳에 사는 아이들에게 고마운 사람이 되고 싶었다. 퇴근 시간이 일정하다 보니 늘 비슷한 아이들을 만나게 되었다. 대체로 큰아들과 같은 학교를 다니는 동급생이거나 선배들이었다. 아이들은 서로를 알고 있었고 아들에게서는 듣지 못한 소소한 학교생활을 말해주기도 하고, 아들과 직접적으로 관련된 이야기를 들려줄 때도 있었다. 내 작은 차 티코는 금방 아이들에게 누구 엄마의 차로 소문이 났고 아이들은 내 차가 퇴촌 읍내를 지나갈 때면 차창 밖에서 차 안의 나를 향해 인사를 하기도 했다. 아들의 등하굣길만큼이나 나의 출퇴근길도 이곳 아이들의 생활과 밀착되어 있었다.

　큰아들의 히치하이킹의 절정은 2002년 월드컵 때였다. 2002년 가을 대한민국 사람 중 행복하지 않은 사람이 있었을까. 사람들은 날마다 행복했고 너그러웠고 넉넉했다. 대한민국 팀이 4강에 올라갔던 날이던가. 집에 돌아온 아들은 무척이나 흥분한 모습이었다. 가방을 채 내려놓기도 전에 "엄마, 이런 일도 있네요."라고 외쳐댔다. 말인즉 오늘은 친구들과 헤어져 혼자서 히치하이킹을 하고 있었단다. 차들이 몇 대 그냥 지나치고 그래도 열심히 엄지손가락을 세우고 있었는데 갑자기 커다란 덤프트럭이 자기 앞에 딱 섰다는 것이다. 순간 아들은 자기가 뭔가를 잘못했나싶어 움찔하고 있었는데 차문이 열리면서 운전기사가 타라고 했단다. 차에 타니 운전기사가 싱글벙글하면서 오늘은 축구도 이겼으니 내가 너희 집 앞까지 태워다 주겠다고 했고 운전기사는 자신의 행선지도 아닌 길을 7킬로 이상 들어와서(왕복14킬로) 아이를 내려주고 간 것이다. 오는 동안 내내 축구 이야기를 신나게 하면서 말이다.

　세상에 이런 일이!!! 이렇게 즐겁고 이렇게 신나고 이렇게 너그러울 수 있는 게 사람이구나. 덤프트럭만큼 운전자들에게 두려움의 대상이 되는 차가 있었던가, 적어도 그 시절에는. 빠르고 거칠고 육중하고 위협적인 차. 그 차가 마치 공주를 태운 마차처럼 부드럽게 내 아들을 태워 집까지 바래다주다니······. 세상은 이래서 살맛이 나고 즐거운 것이구나. 그날 우리 가족은 친절한 덤프트럭 아저씨 때문에 무척 즐겁고 행복할 수 있었고 지금도 그날을 생각하면 마음이 따스해진다.

힘들고 지루할 수 있는 등하굣길을 통해 이곳의 아이들은 스스로 문제를 해결해 나가는 힘을 길렀다. 한편으로는 사람들에 대한 이해도 넓히고 낯선 사람들의 친절과 정을 배우고 경험할 수 있었다. 나도 많은 아이들과 출퇴근길을 함께하면서 동네 아줌마로서 이웃에 대한 관심과 사랑을 키울 수 있었고, 소소한 정을 나누기도 했다.

시골의 학생들은 등하교라는 평범한 일상부터 도시의 학생들과는 다른 환경에 놓여 있다. 어찌 보면 힘들고 불편하고 고달플 수도 있는 이러한 환경 속에서 자신들 나름으로 해결책을 찾아내기도 하고, 그 환경을 지혜롭게 즐기기도 하고, 부지런함, 인내심을 배우기도 한다. 척박한 땅 위에서 자라나는 생명력 강한 들풀처럼 큰아들은 자신의 환경을 선하게 정복해 나가는 강한 생활력을 점점 갖추어

덤프트럭 아저씨는 온 국민이 신나던 날
이 아름다운 우산리길에 큰아들을 내려주고 갔다.

갔다.

　지금은 이미 다 성인이 되어버린 그 시절 큰아들과 작은아들의 친구들 – 나의 출퇴근길 파트너였던 – 은 고등학교 졸업을 앞두면 어김없이 운전면허증을 땄고 자신들이 운전사가 되어 당당하게 시골길을 헤치고 다녔다. 생활 속에서 순발력 있게 대응해 가면서 삶의 불편함을 해결해 나가는 것이다. 그들에게 장롱면허는 없다. 구색맞추기식의 필요가 아니기에 준비가 곧바로 생활로 연결된다.

　그들에게 삶이란 막연한 미래를 위해 현재를 저당 잡히는 준비의 순간들이 아니라 지금 이 순간에 꼭 필요한 일을 선택하고, 행하고, 즐기는 것이다. 우리 아들뿐만 아니라 시골에서 생활했던 친구들도 등하굣길의 불편함을 통해 너무도 평범하지만 지극히 당연한 이러한 진리를 체득했는지도 모르겠다.

공부는 함께하는 거야

대부분의 부모들은 시골 학교에 다니면 교육에 커다란 손실이나 생길 듯이 불안해하고 염려한다. 불안과 염려의 가장 큰 이유 중 하나는 시골에는 번듯한 학원 하나 없다는 것이다. 사교육 환경의 열악함이 교육 환경의 열등함으로 받아들여지는 현실이다. 학교에서의 교육만으로는 자녀들의 학력이 신장될 수 없다는 사교육 무한 신뢰와 공교육에 대한 철저한 불신이 가져온 결과이다.

우리 아들들이 처음 학교생활을 시작한 곳은 서울 근교의 신도시였다. 그 신도시 안에서도 가장 손꼽히는 초등학교에서 학교생활을 시작하였다. 공부하는 남편 따라 외국 생활을 하다가 돌아오니 부모님이 그곳에서 살고 계셨고 우리 가족은 부모님과 함께 살게 된 것이다. 그 학교는 여러 가지 장점들이 있었고 — 가장 큰 장점은 촌지 없는 학교 – 부모들의 교육열도 대단했다. 전업 주부인 엄마를 둔 아이들이 학교생활의 다양한 방면에서 주역으로 활동했다. 직업을 가진 나는 다양한 학부모 참여 활동에 늘 열외였고, 엄마의 적극적인 후원을 받을 수 없던 아들들은 적당한 선에서 역할이 제한되었다. 하지만 활동적이고 성숙했던 큰아들은 학급 임원을 맡기도 해서 학급 임원의 엄마인 나도 아들 못지않은 활동을 요구받았다. 나는 이러한 나의 의무(?)와 권리(?)를 다른 엄마한테 슬쩍 미루어버렸다.

작은아들은 초등학교 저학년이었는데 흔히들 하는 선행학습 없이 한글만 겨우 읽는 상태에서 학교생활을 시작했다. 작은아들은 받아쓰기 20점을 받고도 여러 사람이 있는 엘리베이터 안에서 큰 소리로 그 점수를 이야기하는 천진한 아이였다. 남편도 그런 아들의 행동을 유쾌하게 생각했다.

그런데 우리들 눈에 점차 학교 공부가 사교육 복습의 현장이 되는 현실이 들어오기 시작했다. 손놀림을 시작할 때부터 그림 그리기를 좋아하여, 날아가는 새, 푸른 산, 떠가는 구름, 귀여운 동물, 아름다운 꽃을 멋대로 표현하던 아이가 어느 때부터인가 꽉 차고 답답한 아파트 숲을 그리기 시작하는 걸 본 남편은 기겁을 했다.

남편과 나는 엄마들의 치맛바람 무풍지대로, 사교육이 힘을 잃을 만한 지역으로, 그리고 자연과 더 가까운 곳으로, 아니 적어도 우리들 성장 시절의 경험을 나누어줄 수 있는 곳으로 생활 터전을 옮기기로 했다. 교사인 내가 학교보다는 학원에 의지한 교육을 시도하려고 하기 전에, 그리고 내 아들들의 자유로운 개성과 행복을 성적이라는 유일한 잣대와 맞바꾸려고 하기 전에 우리 부부는 뭔가를 시도해야 했다. 우리의 선택은 작은 시골 학교였고, 그 선택은 12년이 지난 지금도 남편과 나를 우쭐하게 하는 신나는 결정이었다.

시골 학교에서 아들들은 다양한 환경 속에 성장하는 친구들을 만나게 되었다. 함께 사는 가족의 구성원과 숫자, 사는 집의 모양, 부모님의 직업 등등이 신도시 아파트의 고만고만한 획일성과는 크게 달랐다. 아버지, 엄마, 형제, 자매 등과 함께 사는 아이가 다수이긴 하지만 할머니, 할아버지도 함께 사는 아이, 부모와 헤어져 할머니 손에서만 자라는 아이, 아버지나 엄마 중 한 분과만 사는 아이, 농사 짓는 집 아이, 떡집 아이, 음식점 집 아이, 카센터 집 아이, 수목원 집 아이, 회사원 집 아이, 목사님 아이, 학교 선생님 아이, 집의 모양도 다양해서 빌라, 단독주택, 오래된 시골집, 그림 같은 전원주택, 식당 겸 집…….

신도시 생활에서 만나지 못했던 다양한 환경의 아이들을 친구로 가지면서 아들들의 세상은 넓어졌고, 환경보다는 사람 자체를 소중히 여기는 따뜻한 마음을 키울 수 있었다. 흔히 말하는 결손 가정의 아이들도 자신의 환경을 숨김없이 드러내는 솔직함과 순수함이 있었고, 무엇보다도 아이들의 세계에서는 결손 가정이란 없었다. 아이들은 부모의 입김없이 서로의 장단점을 인정해가면서 관계를 만들어가는 모습을 보여 주었다.

하지만 부모의 간섭이나 관심으로부터 자유로운 만큼 학업을 등한히 하는 아이들이 많은 편이었다. 큰아들 친구 중에도 그런 아이들이 제법 있었다. 중3이 된 큰아들은 자신의 학업만이 아니라 친구들의 학업도 걱정하기 시작했다. 상급 학교는 면 소재지를 벗어나 진학을 해야 하는데 자신들이 원하는 학교로의 진학을 위해 열심히 공부하는 일이 현실적인 과제로 다가온 것이었다.

중간고사를 앞둔 어느 날부터 큰아들은 집에 서너 명의 친구들을 데려오기 시작했다. 아무래도 자기가 친구들의 학업을 도와야겠다는 거였다. 아들은 학교에 남아 친구들과 함께 공부를 하며 자기가 터득한 공부의 방법을 가르쳐 주거나 직접 작은 선생님이 되어 친구들을 가르쳤다. 그것으로 부족하면 집에 데려와서 함께 공부도 하고 자기도 하였다. 친구들은 큰아들의 도움을 순수하게 받아들였고 아들도 비록 자신이 친구들을 가르쳐주는 입장에 서 있지만 결코 교

광주중학교. 운동장을 둘러싼 전나무에 반해
이 학교와 인연을 맺었다.
2층 건물을 큰아들 3학년 때 한 층을 더 올렸다.

만해지거나 친구들을 무시하지 않았다. 왜냐하면 아들은 친구들에게 학과 공부를 가르쳐 주었지만 친구들은 아들에게 생활의 여러 가지 경험과 지혜를 가르쳐 주었기 때문이었다. 고구마 굽기, 머리 염색하기, 동네 뒷산 등산하기, 개울에서 헤엄치기, 찜질방에 장작때기 등등……. 아이들은 각자의 경험을 바탕으로 서로에게 좋은 선생님이 되어가고 있었다.

큰아들과 친구들의 노력은 저조했던 성적의 향상을 가져왔다. 큰아들은 자기 성적이 오르는 것보다 친구들의 발전을 무척 기뻐하고 자랑스러워했다. 아이들은 고등학교 진학으로 각자 다른 학교를 갈 때까지 학교 공부에서의 공동전선을 잘 유지하였다. 그리고 인문계 고등학교부터 실업계 고등학교까지 자신들의 적성을 찾아 상급 학교에 진학하였다.

관내 종합고등학교 일반계에 진학한 큰아들은 같은 중학교 출신 친구들의 자부심이었다. 주변의 면 소재지와 시내의 중학교 아이들이 입학하는 고등학교는 알게 모르게 출신 지역을 기반으로 한 동지의식과 텃세가 작용하였다. 20명 안팎의 적은 숫자만이 같은 고등학교를 갔기 때문에 퇴촌 출신 아이들은 소수파에 불과했다. 다행스럽게 큰아들은 광수중학교 위상을 높이는 데 적지 않은 기여를 하였다.

물론 큰아들이 학업에서 제 나름대로 좋은 결과를 얻을 수 있었던 데는 중학교 동창들의 도움이 작용하였다. 준비물을 챙기는 데 소홀한 큰아들의 빈구석을 중학교 여자 동창생들은 자신들의 것을 나누어 줌으로써 채워 주었고 잘 정리한 노트를 기꺼이 빌려 주어서 아들이 더 쉽고 편하게 좋은 성적을 얻을 수 있게도 하였다.

큰아들이 전했던 말 중에 지금도 가슴 따뜻하게 기억되는 게 하나 있다. 무슨 사정 때문이었는지 모르겠지만 수업 프린트와 노트 정리가 미비했던 적이 있었단다. 같은 학교 출신 여자 동창에게 도움을 요청하자 그 여학생이 너는 우리 광수의 자랑이니까 네가 잘하는 것이 좋아라고 하면서 자신의 것을 빌려 주었다는 것이다. 여자 친구의 이러한 태도가 당황스럽기도 했지만 친구들의 지지와 격려가 강한 책임감을 느끼게 해서 더 열심히 하지 않을 수 없었단다.

부모나 교사만이 한 아이에게 성장을 가져 오고 책임감을 키우게 하지 않는다. 때로는 친구들의 격려, 지지, 신뢰가 더 크고 강력한 선생님이 될 수 있다. 나는 큰아들의 경우를 보면서 이러한 사실들을 확인할 수 있었다.

네 동생도 내 동생

작은아들은 이곳 퇴촌에서 초등학교 생활부터 시작했다. 초등학교 4학년 봄에 전학해서 도수초등학교와 광수중학교, 광주중앙고등학교를 졸업했으니 이곳 퇴촌의 엘리트코스(?)를 거친 셈이다.

도수초등학교와 광수중학교는 어깨를 비껴 대고 있는 형제처럼 가까이에 있다. 두 학교 모두 한 학년에 학급 수가 2~3개에 불과해서 도수초등학교의 급식을 광수중학교 학생들도 배달해 먹었다. 이곳의 아이들은 9년 동안 한솥밥을 먹는 형, 아우 사이들이다. 학교만 형제 사이가 아니라 학교에 다니는 학생들도 형이나 누나, 동생들이 두 학교를 함께 다니는 경우가 많아서 작은아들의 친구들은 큰아들 친구들의 동생이거나 적어도 사촌동생 내지 옆집 동생인 경우가 흔했다.

학교를 오고 가는 길도 비슷하고 이용하는 분식집, 문방구, 게임방도 초등학생인 동생과 중학생인 형이 같아서 작은아들의 행동반경은 큰아들의 레이더망을 벗어나지 않았다. 서로가 서로의 행동을 잘 알 수 있어서 때로는 가까워지기도 하고 때로는 멀어지기도 하면서 두 아들은 추억을 함께 나누었다.

한번은 작은아들을 데리고 읍내 미장원을 갔다. 마침 지나가던 여중생들이 가게 창문을 통해 작은아들을 발견했다. 곧 가게 문이 열리더니 여중생들이 "너 ○○ 동생 아니니, 어쩜 그렇게 닮았어!"라고 신기해하며 작은아들의 신원을 확인하는 것이었다. 놀란 표정으로 어정쩡하게 옆에 서 있던 나를 보더니 인사를 한 후 쌩하고 나가버렸다. 닮은 형제를 발견하고 신기해 하는 여중생만큼이나 나도 신기했다. 지나는 길에 발견한 생면부지의 친구 동생을 이렇게 반가워하고 신기해 하다니……. 읍내에 나가면 또래들 사이에 이미 작은아들은 누구 동생으로, 큰아들은 누구 형으로 알려져 있었다.

어느 날 작은아들이 하굣길에 모르는 중학생 형을 만났단다. 그런데 그 형이 갑자기 ○○ 동생이냐고 묻길래 그렇다고 했단다. 그러자 그 중학생은 뒤적뒤적하더니 100원짜리 동전 다섯 개를 주면서 뭘 사먹으라고 하더란다. 나중에 큰아들에게 확인하니 돈을 준 학생은 같은 반 친구라고 했다. 중학생 형이 친구 동생한테 주는 용돈. 이런 관계망이 우리 가족에게는 신선하고 놀랍고 따뜻하게 다가왔다.

시골에서의 삶은 서로가 서로에게 숨김없이 드러나곤 한다. 작은아들 반에는 부모가 이혼해서 할머니나 할아버지 손에서 크는 아이,

흰 눈이 마당을 따뜻하게 덮은 날 작은아들은
한복을 꺼내 입고 겨울을 맞이했다.

이곳 토박이인 부모 밑에서 자신도 이곳 토박이로 성장하고 있는, 대를 잇는 퇴촌 지킴이 아이, 부모의 경제적 실패로 좀 더 싼 생활공간을 찾아 전학 온 아이, 작은 식당이나 상점을 운영하는 평범한 환경의 아이, 전원생활을 즐기는 부모와 함께 그림 같은 전원주택에서 생활하는 아이 등 다양한 배경 속에서 생활하는 아이들이 섞여 있었다.

우리 가족이 늘 지나쳐야 하는 길에 작은아들 친구네 식당이 있었다. 그 식당을 지나칠 때마다 아들은 그 앞에 차들이 얼마나 세워져 있나를 유심히 보곤 했다. 그러고는 아 ○○네 집이 요즘 장사가 잘 되나 보네, 혹은 요즘 손님이 너무 없는 것 같은데 하면서 기뻐도 하고 걱정을 표현하기도 했다. 나는 작은아들의 이러한 관심과 표현에 깜짝 놀랐다. 친구 집에 대해서 이렇듯 주의 깊게 살피고 염려를 하다니…….

　친구들끼리 서로에게 갖는 관심은 도시에서만 자란 나의 생각을 뛰어넘는 경우가 많았다. 누구 아버지가 지금 어떤 상황에 계셔서 지금 그 아이가 많이 반항적이 되었다거나, 누구네 아버지는 산을 좋아하셔서 자주 등산도 가신다는 등 친구뿐만 아니라 가족에 대한 정보도 풍부하게 가지고 있었다. 자신의 처지나 상황을 숨기려 하거나 또는 친구의 형편을 놀림거리로 삼는 경우를 별로 볼 수 없었다. 자신들의 생각에 같은 반 친구 중 누군가 힘들어 보이면 서로에게 힘이 돼 주기 위해 애를 쓰는 모습이 보이기도 했다.

　지금도 이어지는 작은아들의 친구 중에는 초등학교 5학년 때인가 전학 와서 1년을 채 못 다니고 다시 서울로 전학을 간 아이가 있었다. 집안 형편 때문에 서울 생활도 여의치 않았던 그 아이는 방학이 되면 이곳을 찾아왔고 아이들은 돌아가면서 그 아이를 자기 집에 재워주곤 했다. 그 아이가 이곳에서 생활한 기간은 짧았지만 정이 그리워 이곳을 찾았고 아이들은 그때마다 그 아이를 따뜻하게 품어 주었다.

　큰아들의 경우도 친구들끼리 느끼는 정은 무척 각별해 보였다. 중학교 1학년 때 전학 왔다가 2학년 때 서울로 전학을 간 친구가 있었다. 그 아이는 외롭고 힘든 생활을 하고 있었는데 가끔 이곳 친구들을 찾아와서 위로와 힘을 얻는 듯했다. 아이들은 처지가 어려운 친구들이라고 따돌리거나 외면하는 경우가 거의 없었다. 가정 형편과 상관없이 서로를 이해하고 따뜻하게 보듬고 있었다. 동급생들이 아주 적어서 - 한 학년이 80여 명 정도이고 그 중 동성 친구가 반 -

서로가 서로를 귀히 여겼다. 사람이 많고 흔한 곳에서는 서로를 귀찮게 여기거나 심지어 하찮게 여기는 경우가 얼마나 많은가. 학교 규모가 클수록 익명성이 강해지고 서로에 대한 관심과 배려가 사라지는 것을 나는 서울 학교에서 무수히 경험했다. 하지만 이곳은 달랐다.

축구 한 번을 하려 해도 남학생의 반이 참여해야만 하는 상황이라면 어떤 친구인들 귀하지 않겠는가. 적은 것일수록 소중하지 않던가. 그래서 이곳 아이들은 서로를 한 가지 잣대만으로 평가하면서 무시하거나 놀리지 않았다. 오히려 서로의 부족과 필요를 채워주려 노력하는 모습이 더 많이 발견되었다.

한 번은 이런 일도 있었다. 여름 방학을 앞둔 어느 무더운 날 큰아들 같은 반 친구 아버지께서 사고로 갑자기 돌아가셨다. 큰아들은 학급에서 부의금을 내기로 했다고 전했다. 나도 그 친구를 잘 알기에 작은 성의를 담아서 아들 편에 보냈다. 학교에서 돌아온 아들이 해준 이야기에 나는 무척 놀랐다. 학급 친구들이 부의금을 많이 준비해 왔고 자신들이 그동안 모았던 학급비를 합쳐서 30명도 안 되는 학급에서 100만원 넘는 액수의 금액을 가지고 친구 가족을 조문하고 왔다는 것이었다. 학급 친구들 모두가 친구의 아픔을 얼마나 공감하고 슬퍼했는지 이것처럼 잘 보여주는 경우가 있을까. 그날 나는 이렇게 따뜻하고 정이 많은 아이들 속에서 내 아들이 커가고 있다는 사실이 참 감사하고 행복했다.

아들들은 내 가족만이 아니라 친구의 가족에게도 사랑과 관심을 기울일 수 있을 만큼 따뜻하고 넓은 가슴을 키워나갔다.

운동회와 축제

　가을 운동회와 학교 축제는 한때 학교생활의 꽃이었다. 요즘은 열기가 많이 식고, 공간의 협소함 때문에 운동회와 학교 축제가 축소되거나 아예 사라진 경우들도 있다.
　시골에서 아이들을 키우면서 인상적이었던 것은 가을 운동회와 학교 축제였다. 나는 작은아들 덕에 초등학교 가을 운동회를 함께 할 수 있었다. 마치 동네잔치처럼 엄마, 아버지, 할머니, 할아버지, 동생 등 온 가족이 다 와서 돗자리를 펴고 하루 종일 운동회를 즐기는 모습도 눈에 띄었다. 엄마들이 출전하는 경기만이 아니라 아버지만을 위한 경기, 할머니나 할아버지를 위한 경기 등 다양한 내용들로 운동회가 진행되었다.
　작은아들이 반장이어서 간식도 넣어주고 운동회도 구경할 겸 시간을 내어 운동회에 갔다. 학급 간식으로 무엇을 하면 아이들이 맛있게 먹을까 궁리를 하다가 패스트푸드를 주문해서 가져가게 되었다. 오랜 교사 경험으로 볼 때 학급 행사에 가장 흔하게 들어오고 아이들이 즐겨 먹는 것이 패스트푸드 - 주로 햄버거나 피자 - 였기 때문이었다.

그때까지 나는 아이들이 함께 즐겨 먹는 음식은 패스트푸드나 떡볶이, 김밥, 튀김이라는 고정관념에 사로잡혀 있었다. 나는 작은아들 반 친구들이 내가 준비해 간 음식을 가장 달게 먹었을 거라고 생각했다. 특히 유명한 패스트푸드점 하나 없는 이곳 퇴촌에서 유명 패스트 푸드점의 햄버거는 최고의 간식일 거라는 도시적 허영과 교만에 가득찬 판단이었다.

그런데 운동회를 끝내고 돌아온 아들에게서 전혀 뜻밖의 이야기를 들었다. 오늘 들어온 간식으로는 절편과 꿀떡이 있었고 아이들은 참 맛있게 떡을 먹었다고 했다. 학교 행사에 아이들을 위해 떡을 사오는 경우를 한 번도 경험하지 못했기에 참 신기하고 낯설었다. 마침 옆에 있던 큰아들이 그 이야기를 듣더니 자신들도 운동회 때 흰떡을 먹었다면서 참 맛있었다고 거들었다.

빵집보다는 떡집이 훨씬 많은 곳에서 자라나는 아이들이어서인가. 아이들은 간식으로 떡을 사먹기도 할 만큼 우리 음식에 익숙해 있었다. 내게는 아이들의 이러한 기호가 팔십 할머니가 떡보다는 햄버거를 좋아하는 것만큼이나 놀라웠다.

서울에 있는 중학교들은 대체로 체육대회는 있었지만 학교 축제는 거의 없었다. 학교 축제는 고등학생이 되어서야 진행되었다. 그런데 아들들이 다녔던 광수중학교에서는 늦은 가을에 축제가 있었다. 한 학년에 70~80명 남짓 되는 적은 학생들이 다니기 때문에 대부분의 학생들이 어떤 형태로든 프로그램에 주인공으로 참여해야 했다.

그해 축제는 작은아들이 중학교 3학년이라서 학교 대표로서 여학생과 함께 사회를 보았다. 사실 이것만 해도 큰 변화이다. 신도시에 있는 초등학교에 다닐 때 작은아들은 학급 잔치에서도 거의 눈에 안 띄는 작은 역할만 배당(?)받았었다.

시간을 내서 공연장에 가니 행사가 이미 중반에 접어들고 있었다. 선생님들의 노래에 학생들은 신나게 박수를 치기도 하고, 반별로 나와서 춤을 추는 등 학급별 장기 자랑도 이어졌다. 무대 위의 학생들이나 객석의 학생들이나 모두 하나가 되어 즐거워하고 있었다.

그런데 갑자기 조용해지더니 한 남학생이 무대에 나타났다. 그 학생은 진자피아노 앞으로 가서 건반을 두드리기 시작했다. 꽤 어려운 세미클래식의 피아노곡이 흐르고, 학생의 동작은 매우 진지해 보였다. 객석의 학생들도 숨을 죽이고 무대에 집중하는 분위기였다.

드디어 연주곡이 끝났다. 하지만 연주하던 학생은 여전히 피아노 앞에 앉아 있었다. 연주가 끝났으니 무대를 떠나야 한다는 사실을 잊은 사람처럼…….

일순 객석에 더 큰 고요가 흐르더니 여기저기 웅성거리는 작은 소리들, 그리고 마치 응원을 하듯 학생들은 일제히 박수를 치기 시작했다. 나는 무슨 일인지 어리둥절해서 무대 위의 학생과 객석의 학생들을 번갈아 보았다. 박수 소리에 흥이 난 듯 연주했던 학생이 벌떡 일어나더니 희죽 웃으면서 무대 여기저기를 왔다 갔다 했다. 그제서야 나는 연주를 했던 학생이 평범한 학생이 아니라는 것을 깨달았다.

아까의 연주곡은 학생이 직접 연주한 것이 아니라 녹음된 곡이었고 학생은 마치 자신이 연주하는 듯이 흉내를 냈을 뿐이었다. 그 학생은 특수반 학생이었다. 객석의 학생들은 이미 그 사실을 다 알고 있었고 혹시나 그 학생이 실수라도 할까봐 조마조마하는 마음으로 진지하게 듣고 있었다. 그리고 연주가 끝나고서도 내려가지 않는 학생을 위해 "잘했어!"라고 외치면서 학생이 자연스레 무대를 내려오도록 박수로 격려하고 칭찬해준 것이다.

교사 생활을 하면서 특수반 학생을 이렇게 따뜻하게 격려하고 지지하는 모습은 처음 보았다. 혹시 장난이나 조롱은 아닐까 하는 의구심이 들기도 했다. 객석의 학생들 모두 그 학생의 이름을 부르면서 진지하게 어린 동생을 타이르듯이 살살 달래면서 무대 아래로 이끄는 모습은 참 아름다웠다. 축제가 끝난 후 아들의 담임선생님을 만나 특수반 학생과 학생들을 통해 얻은 감동을 말씀드리니 선생님께서도 "우리 아이들이 참 착해요."라고 말씀하셨다.

아이들이 집단화되었을 때 긍정적인 모습보다는 부정적인 행동을 드러내는 경우를 훨씬 많이 보아온 내게 다 함께 착해지고 따뜻해질 수 있다는 사실은 큰 감동이었다. 각자가 처한 사정과 상황을 충분히 알게 된다면 부족하고 연약하다고 해서 공격하거나 조롱하지 않고 오히려 서로를 아끼고 위로하고 격려하게 된다. 그날 축제에서 발견한 학생들의 모습이 바로 그것이었다. 그것은 학생들과 선생님들 사이에, 그리고 학생들끼리 서로의 삶이 가감없이 드러나는 작은 학교에서 찾아볼 수 있는 아름다운 모습이다.

학교는 작을수록 아름답다. 학생은 적을수록 소중하다.

3부 이웃, 함께 나눈 정

이 꽃 심으실래요?

    시골집의 아름다움은 마당 여기저기 피어 있는 꽃들로 완성된다. 아무리 동화 속의 성처럼 예쁘게 지어진 집도 마당에 아름다운 꽃이 없으면 생기가 사라진다. 반대로 기울어진 담장이나 빛바랜 지붕, 이끼 낀 벽들도 분홍빛 꽃잔디가 담장 앞을 둘러싸거나 진분홍빛 나팔꽃이 벽을 감싸고, 노란색 호박꽃이라도 지붕을 덮고 있으면 유리 구두를 신은 신데렐라처럼 화사하게 살아난다.

    시골 분들은 늘 쉽게 그리고 별거 아니라는 듯 말한다. "씨는 뿌리면 그냥 나는 거여."라고 말이다. 나는 그분들 말대로 씨앗이 떨어지기만 하면 저절로 꽃이 피고 열매 맺는 줄 알았다. 하지만 아니었다. 시골집의 화사한 마당 뒤편에는 안주인의 정성과 부지런함이 숨어 있었다.

퇴촌으로 이사를 갔을 때 나를 매혹시킨 첫 번째 꽃은 돌담 밑으로 나란히 피어 있는 족두리꽃이었다. 낱낱의 꽃송이가 여러 개 모여 큰 꽃 한 송이를 이룬 모양이 마치 찰랑거리는 구슬을 늘어뜨린 족두리처럼 화려한 모습이었다. 허리 높이 정도 되는 키에 분홍빛 족두리를 얹은 듯한 모습이 수줍지만 화려한 새색시를 연상하게 했다. 나는 꽃씨가 떨어지면 다음 해는 더 많이 퍼지겠지라고 생각했다.

하지만 앵초가 그랬듯이 저절로 자란다는 족두리꽃이 다음 해에는 한 포기만 돋아났다. 눈에 띄게 모습이 사라진 것이었다. 이사한 지 일 년만에 이미 심어져 있던 꽃들이 하나둘씩 모습이 사라지는 것을 보며 조금씩 낙심도 되고 우울해졌다. 화원에서 사온 꽃들도 잠깐 빛을 내다가 곧 모습이 사라졌다. 잡초들과의 싸움을 화사한 꽃들은 견뎌내지 못했다. 왼편 이장님네도, 오른편 매화네도, 한 집 건너 아줌마네, 교장선생님네도 마당 여기저기 꽃들이 한창인데 우리 집 꽃들은 숨바꼭질 하듯이 모습을 감춰갔다.

정답을 훔쳐보고 싶은 학생처럼 나는 옆집 마당 안을 기웃거렸다. 이런 내가 안타까웠는지 꽃가꾸기의 달인, 아니 죽은 꽃도 살리는 꽃의 편작인 매화 엄마가 우리 집 마당에 관심을 갖기 시작했다. "이 꽃 심어보실래요?"라고 꽃을 든 손을 내밀며…….

매화 엄마처럼 꽃을 좋아하는 사람을 본 적이 없다. 시어머니, 남편, 일녀 일남과 함께 사는 매화 엄마는 아플 때도, 슬플 때도, 기쁠 때도 꽃 선물이 만능 약이었다. 농사를 짓는 남편과 함께 농사노 짓고 마당에 꽃도 가꾸는 매화 엄마는 옷 선물보다 꽃 선물을 좋아하

함박꽃과 벌통이 매화 엄마, 아빠처럼
사이좋게 어우러진 매화네 뒷마당

는 것 같았다. 매화 아빠는 아내를 화나게 하면 마당에 가득 꽃이 있는데도 작은 꽃 화분을 읍내에 가서 사오곤 했다. 꽃병에 꽂힐, 뿌리 잃은 꽃이 아니라 화분에 심긴 생명 있는 꽃을…….

나는 매화 엄마에게 많은 꽃을 받았다. 보랏빛으로 여름을 빛내는 마늘꽃, 잎 사이사이마다 검은콩 같은 씨를 품고 주홍빛 꽃잎은 땅을 향해 숙인 주근깨 가득한 참나리꽃, 늦여름부터 힘 있게 피어나는 보라색 국화꽃, 무릎까지 오는 낮은 키에 진분홍색의 애기 손톱처럼 작은 꽃들을 피워내는 꽃, 노란 꽃, 분홍 꽃, 땅을 향해 나팔을 부는 듯한 트럼펫꽃…….

꽃을 주는 매화 엄마에게 꽃의 이름은 중요하지 않았다. 그냥 그 모습 그대로 예뻐하고 좋아했다. 그래서 매화 엄마한테 꽃 이름을 묻는 것은 실례이다. 이름보다는 모습으로, 색깔로, 피는 시기로 기억하고 부르니까. 매화 엄마의 꽃 사랑 태도를 자라나는 아이들에게 적용한다면 아마 모든 아이들이 꽃처럼 행복하게 피어날 거다.

서울로 출퇴근을 하는 길에 상일동 꽃 시장이 있었다. 봄이 되면 나는 승용차 가득 온갖 꽃들을 사 왔다. 키우지는 잘 못하면서 욕심만 많아서인지 늘 심을 자리가 부족해서 남는 꽃이 많았다. 꽃이 남으면 매화 엄마에게 나누어 주기도 하고 어떤 때는 일부러 여유 있게 사와서 매화 엄마한테 선물을 하기도 했다. 매화 엄마한테 간 꽃은 운이 좋은 꽃이다. 내 손에서 한 계절을 겨우 넘긴 꽃도 매화 엄마한테로 가면 다음 해에도, 그 다음 해에도 꽃을 피웠으니 말이다.

매화 엄마한테 받은 많은 꽃들 중 가장 긴 사연을 간직한 꽃은 문주란이었다. 대학교 동창인 남편과 내가 부부로서의 인연을 결정했을 때 깊은 정을 나누어주신 대학교 은사님이 계시다. 남편의 군 입대를 앞두고 ― 그때는 결혼을 약속한 남자 친구였다. ― 선생님 댁을 방문했을 때 선생님께서 베란다에서 키우시던 문주란의 씨앗을 2개 주셨다. 각각 하나씩 나누어 가졌는데 그중에 친정엄마가 키운 문주란이 싹이 나서 30년 가까이 함께 살았다. 퇴촌으로 들어간 이듬해 문주란은 마치 제 자리를 만난 듯 은은한 향기의 담백한 꽃을 피웠다.

매화 엄마의 촉각이 이런 꽃을 놓칠 리가 없었다. 소담스럽게 씨가 영글었을 때 남편은 그 중 두어 개를 매화 엄마에게 나누어 주었다. 그때 기뻐하던 모습이란……. 몇 년 뒤부터 매화네 집에서도 문주란은 우아한 모습으로 피어나기 시작했다.

퇴촌에서의 삶이 십일 년을 지나갈 때, 남편은 문주란이 너무 오래 살았다며 자연스레 흙으로 돌아가게 하였다. 그런데 이듬해 우리가 퇴촌을 떠나 시부모님의 고향으로 이사하던 날, 매화 엄마가 작은 화분 하나를 들고 왔다. 우리 집에서는 완전히 모습을 감춘 문주란을 매화 엄마가 살려서 다시 우리에게 돌려준 것이었다. 지금 그 문주란은 아산 덕암리로 따라와 잘 자라고 있다. 우리 부부와 노년을 함께할 새로운 동지로 말이다.

　잡초와 꽃이 자유롭게 자라는 우리 집 마당은 동네 분들의 걱정거리였다. 잔디가 클로버한테 자기 땅을 빼앗겨도, 쇠뜨기가 초록빛 들꽃처럼 키를 세워도 전혀 신경을 쓰지 않는 우리 가족들이 동네 분들의 마음을 답답하게 했나 보다. 마당에 그렇게 많은 잡초를 키우는(?) 집은 우리 집뿐이었다. 은서 할머니나 매화 아빠 같은 원주민 ─ 원래부터 사시던 분들을 그렇게 불렀다. ─ 이나 교장선생님처럼 도시생활을 정리하고 들어오신 이주민은 당신들의 경험을 전해서 우리 집 잡초밭을 꽃밭으로 되돌리기 위해 많은 노력을 하셨다.

　넓은 잔디밭과 기화요초가 만발한, 동네에서 가장 아름다운 정원을 가진 교장선생님은 잔디밭을 잘 가꾸려면 일 년에 한 차례 정도는 잔디용 잡초 제거제를 뿌려야 한다고 강하게 권하셨다. 어느 날은 당신 집 잔디밭에 뿌리고 남은 약을 가져 오셔서 우리 마당에 뿌리려고까지 하셨다. 하지만 남편은 잡초도 풀이요, 잔디도 풀이라며 제초제의 사용을 정중히 거절했다. 친환경주의자 우리 부부를 쯧쯧쯧 안타까워도 하셨지만 결국 우리 마당만은 개성과 신념대로 잡초와 잔디와 꽃들이 뒤섞여 자라는 공존의 땅으로 인정하실 수밖에 없었다.

　잡초 밭이라도 좋소이다를 고집하는 우리 부부에게 교장선생님과 사모님은 계절에 맞춰 야생화를 조금씩 나눠주시는 정도에서 당신들의 관심과 조언을 제한하셨다. 이사한 다음 해에 나눠주신 맥문동은 서늘한 소나무 그늘 아래에서 잡초들을 물리치고 이리저리 영역을 넓혀갔다. 일단 뿌리를 내린 맥문동은 추위에도, 더위에도 사라지거나 시들해지는 법이 없었다. 맥문동의 생명력을 알고부터 나는 잡초가 많은 곳에는 맥문동을 심는다, 나 대신 잡초와 싸워 이기라고.

　은서 할머니네 꽃밭은 앵초가 피는 봄부터 된서리에 국화꽃이 오그라드는 늦가을까지 철마다 다른 모습을 보여주었다. 그중에서 가장 강렬한 꽃은 할미꽃이었다. 애기 주먹만 한 검붉은 핏빛의 할미꽃 여남은 송이가 고개를 떨구고 있는 모습은 고혹적이기까지 했다. 무덤 주변 양지바른 곳에서 발에 밟힐 듯 낮게 피어 있는 할미꽃이 은서 할머니네 마당에서는 꽃의 여왕처럼 당당하게 피어 있었다. 노란 귤도 회수를 건너면 탱자가 된다더니 환경에 따라 얼마든지 변하는 것이 꽃이요, 나무요, 열매였다. 그러니 사람에게 환경의 중요함은 굳이 말할 필요도 없다.

　가장 소중한 것은 눈에 보이지 않는다는 여우의 말처럼 예쁜 꽃 뒤에는 보이지 않는 소중한 마음이 있었다. 돈 많은 사람만 부자가 아니라 꽃 부자도 큰 부자요, 아름다운 부자이다. 나는 정말 아름다운 꽃 부자가 되고 싶었다, 나의 이웃들처럼.

친정엄마 같은 은서 할머니

　시골에는 대부분 할머니, 할아버지들이 사신다. 시골에선 아기들의 앙앙거리는 울음소리나 아이들의 깔깔거리는 웃음소리가 거의 없다. 우리 마을도 예외가 아니었다. 하지만 간혹 마을 공터와 집 앞 길이 아이들의 웃음소리로 넘쳐날 때가 있었다. 할머니, 할아버지를 찾아온 손주들이 만들어내는 반가운 소란스러움이다. 내가 살던 골목 동네에서도 아이라곤 우리 작은아들이 유일했다. 중고등학생은 7~8명 정도 되었지만 초등학생은 찾아보기 힘들었다.

　그런 그곳에 기저귀를 차고 찍찍이 신발을 질질 끌면서 아장아장 걷는 인형 같은 아기가 등장했다. 이웃에 사는 할머니 딸이 아기를 낳아서 맞벌이를 하느라 친정엄마한테 돌보도록 맡긴 것이다. 은서. 드라마의 주인공과 같은 이름을 가진 그 꼬맹이가 우리 집의 첫

번째 꼬마 손님이 되었다.

　은서의 출현은 이웃 아줌마(은서 할머니)와 나와의 인연을 끈끈하게 만들었다. 동네의 마스코트였던 은서는 할머니의 손을 잡고 마을회관으로 놀러가곤 하였다. 마을회관으로 가려면 은서네 집에서는 반드시 우리 집을 거쳐 가야 했다. 아이를 좋아하는 남편이나 내게 은서의 외출은 더없이 예쁜 선물이었다. 우리 부부는 은서의 찍찍이 소리가 나면 하던 일을 멈추고 나가서 은서를 안아도 보고 만져도 보고 맛있는 것을 들고 나가서 손에 쥐어주었다. 처음엔 낯가림을 하던 은서가 조금씩 얼굴을 밝게 펴더니 선물처럼 웃음을 던져 주었다. 낮에 집에 있다가 은서의 웃음이라도 얻은 날이면 저녁 식탁의 주인공은 은서였다. 당신의 손녀인 은서를 무척이나 좋아하는 우리 부부를 은서 할머니도 좋아해 주기 시작하였다.

　되로 주고 말로 받는다는 게 이런 것인가 싶을 만큼 은서 할머니는 다양한 형태로 우리 가족에게 사랑을 나누어 주었다. 처음엔 당신이 손수 키운 감자를 한 상자 가득 주었다. 솥에 찌면 하얀 분을 반짝이는 펄처럼 뒤집어쓰는 하지 감자는 모양만 아니라 맛도 일품이었다. 그냥 마트에서 사다 먹는 감자와는 비교할 수 없었다. 이렇게 아줌마의 통 큰 나눔은 시작이었다.

　여름방학이 깊어질 때쯤이면 가지런하게 알이 찬 옥수수를 한 바구니 가득 삶아 오셔서 돌아눕기만 해도 속이 비어버린다는 사춘기 우리 아들들의 허기를 채워주곤 했다. 작은아들은 여름 방학이 시작되면 은근히 은서 할머니가 언제쯤 옥수수를 한 바구니 가득 삶아서 들고 오실까를 꼽아보기도 하면서 열 번의 여름을 즐겁게 보냈다.

　전라도 광주 땅에서 퇴촌 읍내부터 열두 개 다리를 건너 우산리 깊은 산골로 열일곱 살에 시집오셨다는 은서 할머니는 음식 솜씨가 보통이 아니었다. 특히 김치 솜씨와 나물 무치는 솜씨는 누구도 따라 올 수 없었다. 정월 대보름이면 은서 할머니는 시집간 5명의 딸에게 나눠 줄 나물무침과 귀밝이술, 메밀묵이나 도토리묵을 장만하였다. 그때마다 단 한 번도 우리 가족을 잊지 않았다. 내가 퇴근한 것을 확인하면 한 김 나간 오곡밥을 한 냄비 가득, 여름내 손을 보아 말린 예닐곱 개가 넘는 온갖 묵나물 무침을 한 쟁반 푸짐하게 가져다 주었다. 결혼 전 엄마 밑에서 맛보던 대보름 나물들이 우리 집 밥상에 어엿이 자리를 잡은 것도 은서 할머니의 정성 덕분이었다.

　겨울이면 은서 할머니네 마당은 배추가 높은 담처럼 쌓였다. 그런 다음 날은 은서 할머니네가 김장을 하는 날이다. 은서 할머니네 딸들과 며느리가 다 함께 모여 몇 백 통의 배추로 김장을 담갔다. 은서 할머니 집 김장하는 날은 골목동네 잔치라고 할 만큼 북적북적하고 시끌시끌했다.

　은서 할머니는 장손 집 며느리여서인지 손이 참 크다. 나눔도 베풂도 큰 손처럼 컸다. 우리 식구 몫으로 20킬로가 넘는 배추 김치와 알타리무 김치, 겉절이 등등을 딸들의 양손 가득 들려서 보내주기를 십 년 세월 동안 한 번도 빠뜨리지 않았다. 얻어먹는 떡이 두레 반이라고 나는 은서네와 옆집 매화 엄마에게서 얻은 김장 김치만으로 겨울을 나기도 하였다. 또 김장 김치의 맛이 다해 햇김치가 그리워질 즈음이면 어김없이 여린 열무로 담근 아삭아삭한 열무김치를 한 통

담아다 주어 봄을 맛보게 하였다.

내가 마치 은서 할머니의 여섯째 딸처럼 보살핌 속에서 따뜻하게 지내는 동안 나는 은서 할머니의 손자, 손녀들과도 즐거운 사귐을 가졌다. 찍찍이 소리와 함께 기저귀를 차고 다니던 은서와 동갑인 한겸이, 은서 동생 현서, 한겸이 동생 혜연이는 귀한 어린 손님들이었다.

나는 외가나 외할머니에 대한 추억이 없다. 친정엄마가 어렸을 때 외할머니가 돌아가셨기 때문에 외할머니도 없었고 시골 외갓집은 더더구나 없어서 그리움도, 추억도 아무것도 없었다. 은서, 현서, 한겸이, 혜연이에게 아줌마의 집은 푸근한 외가였고 그 즐거운 외가를 방문할 때마다 그 아이들은 우리 집을 쉼없이 드나들었다.

외가에서 눈을 뜨자마자 눈꼽도 뗄 사이 없이 눈을 비비며 우리 집 현관문을 두드리기도 하고, "잠깐만이요"를 수없이 외치며 자신들의 외갓집과 우리 집을 왕복달리기 하였다. 또 마루에 놓인 피아노를 힘차게 두들기기도 하고, 우리 아들들이 보던 공룡 책을 꺼내 놓고 이것저것 묻기도 하고, 냉장고에 맛있는 것이 있나 열어 보기도 하면서 아이들은 우리 가족과 친해져 갔다.

황구나 예쁜이를 자기 집 개처럼 당당히 부르며 들어서는 아이들의 올망졸망한 모습은 흐뭇한 웃음을 자아내게 했다. 이웃 아줌마, 아저씨를 이렇듯 스스럼없이 대하고 찾아오는 아이들이 우리 가족에게는 귀하고 고마웠다.

남편과 나는 이런 시도 때도 없는 거침없는 방문도 아이들이 중학생이 되면 물길이 끊긴 것처럼 끊어질 거라고 말하곤 했다. 역시나 은서와 한결이가 중학생이 되자 길에서 보면 점잖게 인사만 할 뿐 어릴 때처럼 명랑하게 우리 집을 찾아들지 않았다. 기저귀를 차고 다니던 아기가 긴 생머리의 새침데기 여중생으로 변해 가는 모습을, 그리고 공룡 책을 들여다보며 눈을 반짝이며 이것저것을 묻던 세 살 꼬맹이가 코밑이 군데군데 거뭇해지는 소년으로 자라는 모습을 내 아이들처럼 지켜보는 즐거움을 우리는 십년 이상 누렸다. 훌쩍 커버린 은서와 한결이를 대신해서 종알종알 새처럼 지껄이면서

친정엄마같은 은서 할머니는 늘 저만큼의 거리에서 나에게 따뜻하지만 조용한 사랑을 베푸셨다.

꽃도 함께 심고, 화분 같이도 함께 해주는 새로운 일동무로 여섯 살 현서가 자리를 잡았다. 십년 이상을 한 곳에서 대문 없이 살면서 우리 집은 이렇게 꼬맹이들의 놀이터가 되었다.

은서 할머니는 내가 그곳을 떠나는 날까지 나를 마치 친딸처럼 보살폈다. 갑작스레 친정어머니를 잃고 외로움과 그리움으로 눈물 젖어 지낼 때 울고 있는 나를 엄마처럼 안아주고 함께 울어 주었다. 친정어머니가 살아계실 때 그렇게 좋은 이웃 아줌마는 다시 없을 것이라며 늘 잘해야 한다고 하셨는데 그 말씀이 하나도 틀리지 않았다. 넉넉하고 따뜻한 베풂에 한참 부족한 보답이라도 하려고하면 오히려 고맙다는 말씀을 그치지 않았던 은서 할머니는 산골 마을에서 나를 10년 이상 행복하게 살게 한 따뜻한 가족이었다.

피를 나누지 않아도 사랑과 관심을 나눈다면 우리는 서로에게 가족이 될 수 있다.

소미에서 만난 따뜻한 이웃들

은서 할아버지는 이 마을 토박이에 염씨네 장손이셨다. 당신보다 10살 이상 어린 전라도 광주 출신 아가씨를 아버지끼리의 약속으로 아내로 맞게 된 행운의 사나이. 은서 할아버지는 우리가 이사를 간 초기만 해도 건강한 모습으로 뒷짐을 지고 마을 골목을 오고 가셨다. 말씀이 많지도 크지도 않은 조용하고 점잖은 성품으로 가끔 뭔가를 여쭈어 보면 절대 내 얼굴을 마주 보지 않고 약간 비껴서 수줍은 듯 말씀을 해주시곤 하였다.

아들 하나에 딸 다섯을 두신 할아버지는 이 산골에서 한 번도 벗어나신 적이 없는 진짜 이곳 토박이셨다. 아들은 서울에, 3명의 딸은 광주 시내에 살면서 엄마, 아버지를 보러 오곤 하였다. 젊어서는 몸이 많이 약하셨지만 결혼 후 은서 할머니의 지극 정성으로 점점 더 건강해지신 것이란다. 말년에 몸의 기운을 잃으셔서 바깥출입을 못하시고 집 안에서만 생활하시다가 결국 세상을 떠나셨다.

어느 날 말쑥하게 외출복을 차려 입고 광주 시내에 나가 오래 된 톱을 새 톱처럼 갈아다가 당신 집 창고에 걸어놓으시던 모습이 선명한 기억으로 남아 있다. 10년 이상 쓴 톱을 얼마나 관리를 잘해 오셨던지 지금 막 대장장이의 손을 떠난 것처럼 톱날은 반짝반짝 빛났다. 은서 할아버지는 반짝이는 톱날처럼 늘 단정하고 깔끔하셨다.

매화 할머니는 마을에서 유일하게 담배를 피우시던 할머니셨다. 주머니를 뒤져 담배를 맛있게 피우시던 모습과 평생을 함께 산 어머니께 담배를 사드리던 매화 아빠의 모습이 늘 맞물려 다가온다. 매화 할머니는 어눌한 말투로 우스갯소리도 가끔 하셨는데 매화 할머니가 주로 하신 집안일은 벌떼를 지키는 것이었다.

어느 날 매화 아빠가 지리산에서 한봉을 분양받아 왔다. 매화네 집 뒤편 산자락에 벌집이 여러 군데 세워졌고 우리도 직접 벌꿀을 내려 먹고 싶은 욕심에 덜컥 한봉을 분양받았다. 매화 아빠는 봄부터, 특히 5월부터 본격적으로 아카시아, 밤꽃이 피기 시작하면 받아 놓은 물 먹듯이 쉽게 얻을 수 있는 것이 벌꿀이라고 했다.

남편은 매화 아빠가 지정해 놓은 위치에 벌집을 놓았고 벌들은 왱왱거리며 바쁘게 드나들었다. 시간만 가면 저절로 벌꿀이 쌓이는 줄 알았다. 벌꿀을 채집할 때가 되어 매화 아빠의 가르침대로 벌집을 열었는데 우리 벌집은 벌도, 꿀도 없는 텅텅 빈 집이었다.

남편도, 나도 당황하였다. 그때 매화 아빠의 말이 "벌들이 이사를 갔군!" 이었다. 벌들이 이사를 가다니 이게 무슨 말인가. 매화 아빠의 설명을 듣고서야 남편은 자신이 못한 일이 무엇인지를 알았다.

매화 아빠의 말에 따르면 벌들은 꿀이 제법 많아지면 꿀은 다 먹어버리고 여왕벌을 모시고는 다른 곳으로 옮겨간단다. 저녁 무렵 벌들이 모두 떼를 지어 나와 앵앵거리면 이사를 가려는 것이니 이사를 못 가도록 다시 불러들여야 한단다. 매화 아빠의 말은 단순하고 분명했지만 남편과 내가 무슨 수로 벌떼들의 이사를 막을 수 있겠는가.

우리 부부는 결코 못해낼 일을 매화 할머니는 조용히 해내고 있었다. 오후가 되면 매화 할머니는 의자를 길 한 편에 놓고 앉아서 산 쪽을 열심히 지켜보았다. 처음엔 그저 더위를 피해 쉬고 계시는 중인 줄 알았다. 그런데 쉬는 것이 아니라 바로 벌떼들이 이사 가는지를 감시하는 거였다. 혹여 오후에 벌들이 높은 나무 주변에 까맣게 모여 윙윙거리면 할머니는 매화 아빠에게 이 사실을 알렸다. 그러면 매화 아빠는 높은 나무에 몰려 있는 벌들을 긴 장대 같은 것으로 휘휘 저어서 원래 집으로 다시 불러 들였다. 이런 일들은 꿀을 거둘 때까지 간헐적으로 반복되었고 여름 한 철 매화 할머니의 역할은 매우 중요하였다. 매화 할머니는 벌떼 감시꾼으로서의 역할을 몇 해 동안 충실히 하였다. 하지만 추운 겨울날 빙판 위에서 낙상을 하신 후 봄내 누워 계시다가 여름을 맞지 못하고 돌아가셨다.

미영이 할머니는 우리 골목 동네에서 보기 드문 인텔리 할머니 셨다. 우리 마을에는 여러분의 할머니들이 계셨는데 배움의 기회를 갖지 못해서 글을 읽지 못하는 분이 많았다. 하지만 미영이 할머니는 주말이면 손녀를 데리고 도서관에 가서 책을 빌려다 읽을 만큼 글 읽기를 좋아하셨다.

인물이 훤한 아들 3명과 부모의 이혼으로 엄마가 없는 손자, 손녀를 돌보시며 사셨다. 파마기 없는 생머리 단발에 머리띠를 하고 있는 모습이 여학생처럼 보이는 개성 강한 분이셨다. 내가 국어 교사라는 것을 알고 당신의 손녀에게 좋은 이야기도 해주고 책도 권해주면 좋겠다고 부탁하셔서 미영이를 집으로 불러 책을 나누어 준 기억이 난다. 미영이가 고등학교를 졸업하기 전에 세상을 뜨셔서 미영이가 주부 역할을 대신해야 했다.

미영이 아버지와 할아버지 모두 목수여서 미영이네 식구가 살고 있는 집을 미영이 할아버지와 미영이 아버지가 직접 지었다고 한다. 미영이네 집은 낡았지만 마당에 꽃들이 많아서 미영이 아버지에게서 꽃을 얻어 오기도 했다. 새색시의 분홍빛 저고리를 연상시키는 상사화와 여름이면 노란빛으로 싱싱하게 피어나는 노란붓꽃(창포)도 미영이네 마당에서 옮겨온 것이다.

우리 집과 담을 함께한 집은 이장님네였다. 박 이장님은 우리 가족이 낯선 시골에 잘 정착할 수 있도록 많은 도움을 주신 분이다. 젊었을 때 탤런트 공채를 지원할 만큼 미남인 박 이장님은 목소리도 굵고 재치와 리더십이 있는 호남이셨다.

서울로 이사 간 초등학교 후배를 몇 년 동안 따라다녀 아내로 맞아들여서인지 아내 사랑도 각별했다. 텃밭을 가꾸는 일이나 동물

돌보기, 김장하는 일, 화목 보일러에 불을 때는 일 등 많은 일을 직접 하셨다. 그래서 20년 가까이 시골 생활을 한 용신이 엄마 – 이 장님 아내 – 는 다른 시골아줌마들보다 시골 생활에 모르는 것이 많았다.

박 이장님은 음식 솜씨도 뛰어나고 기획력도 있으셔서 여름이면 동네 보양 잔치를 주관하셨다. 골목 길 – 더 이상 집이 없어서 우리끼리 붙인 이름이지만 – 에 있는 네 집이 추렴을 해서 여름 건강을 챙기는 일을 총지휘하셨다.

복날이 다가오면 박 이장님네 느티나무 아래에 넓은 돗자리가 펴지고 큰 솥이 걸린다. 그리고 아침부터 저녁 늦게까지 솥에는 보양식이 끓는다. 여자들은 이 잔치에서 구경꾼이다. 모든 음식을 남자들끼리 준비한다. 박 이장님과 매화 아빠가 쉐프가 된다. 은서 할머니네 수년 묵은 된장이 나오고 텃밭에서 대파, 들깨, 오이, 고추, 호박 등등이 나온다. 여자들은 오리탕에, 오리죽을 먹기도 하고, 남자들과 함께 고단백 보양식을 먹기도 한다.

이날 느티나무 아래를 지나가는 사람들은 누구나 든든한 보양식을 한 그릇씩 푸짐하게 대접받는다. 우리 마을 사람이든 아니든 상관없다. 그저 그때 그곳을 지나가는 인연만으로 여름의 더위와 싸울 영양을 공급 받는 것이다. 우리 아들들도 이날은 하루 종일 집과 느티나무 밑을 부지런히 오고 가면서 영양을 공급받았다. 이런 마을 잔치가 세 번 정도 끝날 때쯤이면 불타는 여름은 그 열기가 삭아들었다.

여름의 마을 잔치는 박 이장님이 아랫마을로 이사할 때까지 계속

소미에서 만난 따뜻한 이웃들 • 105

되었다. 박 이장님이 사라진 후 마을 잔치는 더 이상 계속되지 않았다. 능력 있는 지도자가 사라진다는 것은 작은 마을에도, 큰 나라에도 불행이 분명하다. 지금도 우리 가족은 그 시절의 태평성대를 그리워한다.

몸치장에 둔한 나를 10년 가까이 가꿔 준 사람이 관음 미용실 원장님이다. 관음리는 우산리 아래 마을이다. 미용실 원장님은 시골마을의 미장원 아줌마라기에는 국제적 경험이 풍부한 교양 있는 분이었다. 커트 머리를 좋아하는 나는 한 달이면 한 번씩 머리를 잘랐다. 시골로 이사 온 후 마땅한 미용실을 찾지 못해 읍내 미용실을 여기저기 전전하다가 발견한 곳이 관음 헤어샵이었다.

한때 사이판에 사셨다는 원장님은 배움에의 열정과 봉사 정신이 강한 분이었다. 정기적으로 미용 세미나에 참석하거나, 일본어를 독학해서 일본어로 인사말을 써놓기도 하고 판소리를 배우기 위해 안숙선 문하생으로 일주일에 한 번씩 교육을 받으러 가기도 하였다. 미용실에 피아노를 놓고 손님이 없을 때는 피아노를 연습하고, 북이나 가야금을 두드리거나 타기도 하였다. 또 노인들이나 장애인 시설을 방문하여 머리를 깎아주고, 할아버지와 살고 있던 초등학교 여학생을 학교에서 돌아오면 미용실로 불러 공부를 도와주고 피아노를 가르쳤다.

나는 한 달에 한 번씩 들러 머리도 손질하고 동네 소식도 들었다. 그곳은 퇴촌에서 일어나는 크고 작은 변화에 대한 풍부한 정보가 모이는 마을 우물터 같은 곳이었다. 원장님은 인심도 후해서 미용비에 버금가는 야채나 과일을 나눠주기도 하고 겨울엔 따끈하게 구운 고구마를 대접하기도 했다. 원장님은 시골 생활을 멋지게 즐길 줄 아는 진짜 멋쟁이였다. 그곳을 떠난 지금도 내 머리는 관음 헤어샵 원장님의 정 많은 손길을 그리워한다.

아들들은 다 자라서 외지로 나가고, 남편은 일주일에 반은 시골에 계신 홀로 되신 시어머니를 돌보러 가면서 내게는 자유의 시간들이 고이기 시작했다. 고인 시간에 나는 새로운 만남을 시도했고 그래서 만들어진 인연이 베트남 이주 여성인 딘티띠(한국 이름 현희) 가족과의 만남이었다.

광주에는 다문화 가정이 많았다. 나는 이주 여성들에게 한국어를 가르치는 봉사를 하고 싶었다. 어느 날 광주 다문화센터 홈페이지에 올린 내 글을 보고 띠의 남편이 전화를 했다. 띠는 3살 된 딸, 시어머니, 남편, 두 명의 시조카와 살고 있었다. 한국에 온 지가 7년 정도 돼서 한국말을 읽고 쓰고 듣는 것은 비교적 자유로웠지만 말하기는 영 서툴렀다. 더구나 퇴촌으로 이사 온 후 딸을 돌보느라 한국어 교육이 중단된 형편이었다. 나는 일주일에 한 번씩 퇴근길에 띠의 집에 들러서 한국어도 가르치고, 이야기 상대도 되어 주었다.

살림 솜씨가 야무진 띠는 늘 반짝반짝하게 집을 청소하고, 근처 텃밭에다가 한국 야채뿐만 아니라 베트남 채소까지 길러 먹는 부지런한 주부였다. 베트남의 하이퐁이 고향인데 친정엄마가 나보다 젊어서 마치 나를 친정엄마처럼 대했다. 나는 갑자기 서른이 다 된, 시집간 딸을 둔 엄마처럼 되어버렸다. 띠는 남편이나 시댁 식구 때문에 속상한 마음을 털어놓기도 하고 딸인 민지가 자기 때문에 한국어가 빨리 늘지 않아 걱정이라는 이야기도 했다.

띠가 둘째를 임신하고 아들을 낳았을 때는 마치 내 딸이 아들을 낳은 것처럼 기뻤다. 아들을 낳은 띠는 주부로서의 입지가 더욱 굳어져서 남편에게 잔소리도 꽤 하는 듯했고, 자녀들의 교육에 더욱 신경을 썼다. 애기까지 딸린 띠는 외출하는 것이 더 힘들어졌고 나는 띠의 답답함을 풀어주기 위해 더 많이 띠의 집에 갔다.

내가 아산으로 이사를 할 때까지 띠와의 인연은 2년을 넘겼다. 그리고 내가 이사한지 1년 만에 띠의 네 식구가 마치 친정을 찾아오는 것처럼 아산으로 놀러왔다. 말이 늦되어 걱정거리였던 민지도 어쩜 그렇게 예쁘고 예의바르게 이야기를 잘하던지 우리 식구 모두 깜짝 놀랐다. 엄마젖을 먹고 자란 재용이는 다부지고 건강하게 자라고 있었다.

지금도 가끔씩 아이들의 사진과 안부 인사를 보내는 띠와의 인연은 띠의 이름같이 앞으로도 길게 이어지겠지.

가장 짧은 만남이었지만 큰 감동을 준 인연도 있다. 아침 일찍 서울로 출근을 하던 내게는 천진암 계곡에서 더 이상 태우고 다닐 학생들이 없었다. 아이들은 이미 다 자라서 대학으로, 군대로, 직장으로 빠져 나갔다. 차는 커졌는데 - 티코에서 클릭으로 - 타고 다니는 사람은 나 혼자였다.

어느 겨울 출근길이었다. 이른 아침에 정말 작은 할머니 한 분이 가방을 메고 걸어가다가 내 차를 손가락을 들어 세우셨다. 이른 아침 이 추위에 어디를 가시느냐고 여쭈어 보니 컴퓨터를 배우러 천호동에 가신단다. 깜짝 놀라는 나를 보고 수줍게 웃으시더니 당신은 뭔가를 배우는 게 매우 기쁘다며 당신 이야기를 짧게 하셨다. 우리 집에서 5분 거리에 사는 분이라 그후에도 여러 차례 카풀을 하게 되었다.

80을 바라보는 할머니는 6·25 때 군인인 남편을 잃었지만 남편의 전사를 증명할 수 없어서 국가의 도움없이 혼자서 아들 하나를 키우셨다고 한다. 생활이 무척 어려워 겨우 공부를 시킨 아들은 멀리 살고 있고 당신은 천주교 신자라서 천진암 성지 밑에 방 하나를 구해서 혼자 사셨단다. 그러다가 혼자 사는 할머니 한 분을 알게 되어 그분의 집이 있는 우리 마을로 이사를 오셨다고 한다. 70이 넘도록 한글을 모르고 살다가 한글을 가르쳐 준다는 곳이 있어서 이곳 천진암에서부터 서울로 한글을 배우러 다녔다고 하셨다. 한글학교를 졸업할 무렵에는 시를 썼는데 당신의 사연이 방송되기 했다고 자랑도 하신다. 그러면서 당신의 시를 암송하시더니 당신은 윤동주의 시가 참 좋다고 하셨다.

70이 넘은 나이에 한글을 배우고 시를 쓰고 윤동주를 좋아하는 할머니. 나는 내가 가지고 있던 윤동주의 시집을 들고 할머니 집을 찾아갔다. 시집 선물을 어찌나 좋아하시던지……. 몇 번이고 고맙다시며 잘 읽겠다고 하신다. 안경을 코에 걸고 뭔가를 열심히 쓰고 있으시길래 여쭈어 보니 성경을 필사하고 있는데 구약성경은 다 썼고 신약성경을 쓰는 중이라고 하셨다. 성경책을 전부 필사하는 것이 당신의 새로운 목표라고 하셨다.

배움에는 나이나 환경이 문제가 되지 않으며 오직 배움에 대한 열정이 가장 중요하다는 것을 할머니와의 만남을 통해 다시 한 번 깨닫게 되었다. 아마 지금도 할머니는 그 길고 긴 천진암 계곡길을 당신만한 가방을 메고 배움을 향해 걸어가고 있으실 것이다.

여전히 남아 있는 숙제 하나

　시골생활은 즐겁고 건강한 변화를 가져 왔다. 좋은 이웃을 만나서 따뜻한 정을 나누었고 좋아하는 동물들을 맘껏 키우면서 기쁨과 즐거움을, 아픔과 슬픔을 느끼기도 하였다. 남들이 부러워하는 유기농 채소를 나의 취향대로 길러 먹기도 하였다. 우리 아들들은 무한 경쟁의 끔찍한 사교육의 현장을 비껴갈 수도 있었다. 많은 것이 좋았고 많은 것을 얻었다.

　하지만 우리 가족을, 특히 남편을 힘들게 했던 한 가지가 있다. 그리고 이것은 더 깊은 시골 마을로 들어온 현재의 삶에서도 풀어야 할 과제이다. 새마을운동 때부터인가. 시골 마을을 정화하면서 마을마다 쓰레기 소각장을 짓고 쓰레기를 쌓아두지 말고 소각하도록 계몽을 하지 않았나 싶다. 그때만 해도 소각을 했을 때 특별히 건강이나 환경상의 문제를 야기하는 쓰레기들은 없거나 적었던 것 같다. 비닐봉지도 별로 쓰지 않을 때고 스티로폼이나 플라스틱 용기가 넘쳐날 정도로 흔하지 않았으니까.

하지만 요즘은 다르다. 가장 많은 쓰레기 중 하나가 비닐봉지나 플라스틱류의 포장재이다. 심지어 종이란 것도 자세히 살펴보면 비닐 코팅한 게 많다. 이것을 태우게 되면 건강에 해로운 다이옥신이 나온다. 문제는 여기에 있다. 시골 분들은 대체로 부지런하다. 그러니 쓰레기를 쌓아둘 리가 없다. 치워야 하는데 그분들이 주로 택하는 방법이 소각이다. 다이옥신이 만들어지는 순간이다.

시골로 이사 올 때 모든 사람들은 맑은 공기를 기대한다. 우리 가족도 그랬다. 물론 대도시와는 비교할 수 없게 대체로 공기가 맑고 달다. 하지만 어디선가 비닐 태우는 냄새가 날 때 더 이상 공기는 맑지도, 달지도 않다.

우리가 이사 왔을 때 집 앞 공터에는 시커멓게 그을린 커다란 드럼통이 있었다. 마을 분들이 쓰레기를 태우는 도구였다. 광주시에서 쓰레기와 재활용품을 수거해 가는데도 주변 사람들 중에는 쓰레기를 태우는 사람이 더 많았다. 쓰레기 소각은 불법이라는 현수막이 걸려 있는 곳에서도 쓰레기를 태웠다. 우리 가족은 그냥 두고 볼 수가 없었다. 특히 남편은 가족의 건강은 가장이 지켜야 한다는 신념으로 무장한 전사가 되었다. 그때부터 쓰레기 소각과의 전투가 시작되었다, 길고 험한 전투가.

먼저 쓰레기 소각의 문제점을 적은 유인물을 만들었다. 백지장도 맞들면 낫다고 우리 가족은 뜻을 함께할 사람들을 찾기 시작했다.

먼저 옆집 이장님한테 도움을 청했다. 이장님은 비록 그때까지 다른 사람처럼 쓰레기를 태우셨지만 남편의 뜻에 충분히 공감하시고 적극적인 후원자가 되셨다. 그리고 보건지소 소장님.

퇴촌에서만 이미 20년 가까이를 살아온 보건지소 소장님은 집집마다의 사정을 훤히 꿰뚫고 계셨다. 당신도 쓰레기 소각의 문제점을 생각한 터라 기꺼이 동참을 하셨다. 유인물을 만들어 보건지소에 가져다 놓고 오는 분들을 대상으로 교육을 부탁드렸다. 소장님도 참 많이 수고하고 애를 쓰셨다.

남편은 우리 집에 직접적인 영향을 주는 가까운 이웃들부터 고쳐 나가고자 했다. 가까운 사람일수록 말하기 어려운 일들이 있다. 쓰레기 문제가 그랬다. 쓰레기를 버리기 위해 돈을 주고 봉투를 사야 한다는 것과 재활용품을 분리한다는 것이 쉽지 않은 일이었다. 그래도 다른 선택은 있을 수 없었다. 드럼통에 뭔가가 타고 있으면 무조건 물을 가져다 부었다. 공터에서 작은 것 하나만 타도 얼른 물을 붓는 일을 수없이 반복했다. 눈치도 보이고 마음도 편치 않았지만 그래도 필요하고 옳은 일 아닌가.

남편은 차에 필름 없는 카메라까지 넣고 다니며 쓰레기 소각 현장을 보면 촬영하는 흉내를 내는 것으로 태우는 사람을 겁을 주기도 하고 신고를 하기도 했다. 물론 경찰이 출동을 하면 강력하게 경고를 하고 다시는 안 하겠다는 구두 서약을 받는 선에서 해결을 했지만……. 우리 가족의 노력으로 이웃들이 처음에는 우리의 눈치를 보는 듯하더니 점점 쓰레기를 태우는 횟수가 줄고 재활용품을 분리 배출하기 시작했다.

남편은 쓰레기 문제 때문에 평생에 다시없을 봉변을 당하기도 했다. 옆집 이장님한테 누님 한 분이 계셨는데 마침 그분이 한 마을에 살고 계셨다. 어느 일요일 아침에 논둑 저 멀리에서 그 아줌마가 집을 나서는 남편을 향해 큰 소리로 욕을 하기 시작했다. 소리가 점점 커지면서 가까워지더니 남편을 지척에 두고 이제는 막 쌍욕을 하는 것이었다. 당황한 남편은 어찌할 바를 몰랐다. 마침 집에 있던 이장님이 나와서 누님을 집으로 모시고 가셨다.

나중에 자초지종을 확인하니 그 아줌마가 남편이 쓰레기 소각 때문에 당신들을 신고했다고 오해를 한 것이었다. 오해는 풀렸지만 그렇게 험한 욕설을 대놓고 들은 일은 남편에게는 끔찍스런 기억으로 남아 있다. 그래도 남편은 만약 그 아주머니가 쓰레기 태우기를 멈춘다면 그런 욕설은 얼마든지 들어도 감수하겠다고 했다. 결국 그분은 쓰레기 태우는 일을 그만두셨고 우리는 마주칠 때면 다정한 인사를 나누는 사이좋은 이웃이 되었다.

마을의 쓰레기 소각 문제는 우리 가족이 겪은 유일한 갈등이었다. 낯선 마을에 이사 와서 텃세나 따돌림 한 번 없이 즐겁게 잘 지낼 수 있었지만 쓰레기 소각 문제만은 결코 양보할 수 없었던, 피해가서도 안 되는 중요한 문제였다.

이 문제를 해결하는데 우리 가족의 노력만 있었던 것은 아니었다. 우리보다 나중에 전원생활을 꿈꾸며 공터 건너편 집으로 이사 온 가족이 있었다. 우리 가족은 그 집을 뉴질랜드에서 살고 왔다고 해서 뉴질네라고 불렀다. 마침 큰아들끼리 같은 반 친구여서 친해질 수 있었는데 그 집 아버지도 환경 문제에 관심과 의지가 강했다.

그동안 남편이 고작 물만 붓던 공터의 소각용 드럼통을 단 한 번 연기에 도끼를 들고 나와 때려 부순 영웅은 그분이다. 남편과 뉴질 아버지는 함께 힘을 합쳐서 마을 앞 천변 소각터를 청소해 없애기도 하였다. 아마 그분이 없었다면 우리 가족은 더 많은 시간과 노력을 들여야 했을 것이다.

마을 주민들의 쓰레기 소각에 대한 의식은 그후로도 계속해서 긍정적인 변화를 보였다. 하지만 요즘도 어디선가 간혹 비닐 태우는 냄새가 약하게 묻어 들어올 때가 있다. 무엇이, 그리고 어떻게 하면 이 문제를 완전히 해결할 수 있는지 여전히 모르겠다. 남편과 나는 그곳을 떠난 지금도 그 문제의 답을 찾아 고민한다. 왜냐하면 쓰레기 소각 문제는 12년을 살았던 퇴촌만이 아니라 새롭게 살고 있는 이곳 도고에서도 만나는 살아있는 숙제이기 때문이다.

숙제는 여전히 남아 있다.

에필로그

자기의 길을 찾아가는 아이들

처음 우산리를 찾아들었을 때 길어야 1년이나 살겠는가 하는 의구심을 갖고 쳐다보았던 많은 시선들이 무색하게 우리 식구는 거뜬하게 12년을 살아냈다. 중학교 1학년이었던 큰아들은 이제 직장인이 되었고 초등학생이었던 작은아들은 군대까지 제대한 대학교 3학년이 되었다. 우리 아들들만 성인이 된 것이 아니라 함께 뒹굴었던 아들의 친구들도 이제 각자의 영역에서 활동하는 어른들이 되었다.

이곳에서 초등학교부터 고등학교까지의 교육을 받은 아이들은 대학 입학에서도 내가 가르쳤던 서울 학생들에 크게 뒤지지 않는 성과를 거두었다. 대체로 사교육의 도움없이 학교 공부로 자신들의 진로를 개척했음에도 아이들은 적성에 따라 다양한 학교로 당당하게 진학하였다. 흔히 서울에서 손꼽아 주는 진학률을 보여주는 학교에는 못 미치지만 평균적인 학교보다는 결코 뒤지지 않게 각자의 길을 만들어 갔다.

두 아들은 졸업을 하고 곧바로 대학에 들어갔다. 재수 경험이 끔찍했던 남편은 늘 재수는 절대 안 된다고 강조하곤 했는데 나나 아이들도 그 의견에 동의했다. 역사를 좋아했던 큰아들은 인기 학과에 진학하기보다는 자신의 적성과 관심에 따라 K대 한국사학과를 선택했다. 단과대학 수석이라는 영예를 안고 들어간 아들은 복수 내지 이중 전공 같은 것은 쳐다보지도 않고, 대학 생활 내내 자신이 좋아하는 역사 공부를 옆에서 보기에 질리도록 열심히 해냈다. 산골마을에서 다져진 끈기와 도전정신은 대만에서의 중국어 연수, 런던에서의 교환 학생 생활도 훌륭히 마치게 하는 저력으로 작용했다.

틀에 박힌 것보다는 늘 새롭고 신기한 것에 관심을 기울이고 궁리 많던 작은아들은 자신이 좋아하는 요리공부 쪽으로 진로를 결정했다. 성적에 맞춘 적당한 인서울의 선택보다는 적성과 특기를 살리겠다며 망설임없이 서울을 버리고 충남소재 C대학교(호텔조리식당경영학과)를 선택하는 뚝심을 보여주었을 때 나와 남편은 아들에게 큰 박수를 보냈다. 작은아들도 오직 자신이 좋아하는 요리 한 가지에만 매달리고 있다. 교직 이수의 기회도 마다하고 요리사의 꿈을 좇아 일본, 캐나다, 미국, 베트남 등지를 돌아다니며 다양한 경험들을 쌓아가고 있다.

우리 아들들만이 아니라 이곳에서 함께 성장한 아이들이 갖는 분명한 특징이 있다. 무엇보다 인상적인 것은 어떤 아이들도 삶에 무기력하거나 심드렁한 모습, 요즘 흔히 보이는 부모에 기대어 사는 캥거루 족의 모습을 거의 찾아볼 수 없다는 것이다. 고등학교를 졸업하는 순간 부모의 도움을 최소화하고 자신들의 필요는 스스로 해결해 나가는 강한 자립심이 이곳의 아이들에게 깔려 있다. 식당에서 아르바이트를 하든, 공장을 다니든, 배달 일을 하든, 농사를 돕든, 어떤 일이 되었든 힘들고 거칠다고 피해가지 않고 끝까지 해내는 인내심을 공통적으로 보여준다.

또 아들이나 아들의 친구들 중 누구도 군대를 면제받거나 군 생활의 부적응으로 곤란을 겪은 사람이 없다. 대부분 육군 보병으로 험한 국방의 의무를 완수했다. 수줍음 많아 카풀할 때 목소리 듣기도 쉽지 않던 옆집 민식이도 강원도 고성 최전방에서 철책선을 지키는 군 생활을 씩씩하게 마치고 돌아왔다. 작은아들은 양구에서 육군 보병으로 온갖 험한 훈련을 다 겪어내고 전역을 하였다. 큰아들 친구들도, 작은아들 친구들도 전부 만기 전역을 하는 대한민국의 튼튼한 청년들로 성장하였다. 단지, 큰아들의 경우에는 마음 아픈 기억이 있다. 평범한 게 싫다는 큰아들은 휴학까지 하면서 준비하는 열의를 보인 끝에 해군 특수부대에 들어갔다. 그러나 워낙 센 훈련에 몸을 다쳐 불가피하게 의병제대를 해야 했다. 다행히 지금은 회복이 되어서 정상적으로 생활하고 있지만, 그때 우리 식구가 한 맘 고생은 무척이나 컸다.

낯선 환경이나 생활에 대한 도전 정신과 강한 적응력, 생활에 대한 성실함도 이곳 아이들이 보여주는 강점이다. 군대를 제대하고 돌아와서도 적당히 시간을 흘려보내지 않고 새로운 생활을 찾아 과

감히 도전하는 모습이 눈에 많이 보였다. 특히 작은아들의 친구 하나는 제대를 하고 몇 달 안 되어 남극 세종기지 건설 현장에 자원하여 반 년을 보내고 돌아왔다. 군대를 마친 젊은이들 중에는 군생활의 피로감을 씻는다는 이유로 시간을 허송하는 경우가 적지 않다. 이곳의 젊은이들은 한두 달 정도의 휴식 기간을 거치고 나면 다시 생활의 전선에 뛰어든다. 부모로부터의 경제적 지원이 곤란해서가 아니라, 스스로 무기력함과 나태함을 허용하지 않는다.

항해사가 되어 오대양을 누비는 친구도 있고 자신의 적성과 특기를 살려 일찍부터 조리고등학교에 진학을 한 친구도 있다. 중학교 때부터 서각에 남다른 재능과 적성을 보였던 친구는 부여의 한국전통학교에 진학하였다. 또 어려서부터 농사가 눈과 몸에 익어서인지 농사를 자신의 직업으로 선택한 친구들도 여럿이다. 도시의 아이들이 자전거를 타고 놀 때, 자전거뿐만 아니라 크고 작은 농기계를 익히고, 심지어 중학생이 되면 자동차보다 더 큰 트랙터도 선뜻 올라타서인지 농사일을 흥미롭게 받아들이고 기꺼이 농부가 되고자 한다.

농사는 결코 사회 부적응자의 도피처가 아니라 건강하고 건전한 젊음들의 도전의 장소이다. 농업에서 가능성을 발견한 큰아들은 종합상사(D사)에 들어가 관련 경험을 쌓고 있다. 도시에서만 성장한 아이들은 한 번도 생각해보지 않았을 일들에 이곳 아이들은 기꺼이 도전하고 개척해 나가려는 의지를 보여준다. 우리 아들들과 친구들의 모습은 지극히 평범하고 일상적이다. 하지만 건강하고 성실하다. 햇빛 뒤편에는 그림자가 생기듯이 각자의 길을 당당히 걷고 있는 현재 아들들의 뒤편에는 대한민국 사춘기 남자아이들이라면 겪는 반항과 일탈의 흔적들도 많다. 친구들끼리 모여 술을 먹기도 하고, 담배를 피우다가 걸려 나와 남편이 학교로 호출된 적도 있다. 한동안은 공부보다는 운동이 좋아서 학교 보충수업은 밀어내고 매일같이 헬스장에 가서 몸만들기에 열을 올리기도 했다. 폭발할 듯 끓어오르는 힘을 주체하지 못해 자신보다 훨씬 덩치가 큰 친구와 힘겨루기를 하다가 크게 다쳐서 수술을 하는 아픔을 주기도 했다. 하지만 용수철이 크게 튕겨 오르다가도 시간이 지나면 제자리를 찾아가듯 아들들은 자신들의 자리를 잊지 않고 제자리로 돌아왔다.

　추운 겨울을 견뎌낸 봄이 더욱 화사하고 따사롭듯이 몸과 마음을 크게 앓고 난 아들들은 더욱 열심히 자기 몫의 삶을 피워냈다. 아무리 추워도, 아무리 더워도 겨울만, 여름만 계속될 수 없는 자연의 이치처럼 두 아들로 인해 아프고 힘들었던 시간들도 결국은 지나갔다. 그리고 우리 가족은 각자 자기들의 계절을 누리고 있다. 우리 식구들 모두 혼란과 아픔을 겪으면서도 각자의 자리를 놓치지 않은 것은 매일매일 우리의 가슴을 가득 채워주던 맑고 달콤한 산 공기의 힘인지도 모르겠다.